Dépôt

Papier-Vélin.

DE
L'EXÉCUTION
DES
LOIS MILITAIRES.

DE
L'EXÉCUTION
DES
LOIS MILITAIRES,

PAR M. LE NOBLE,

Commissaire des Guerres, membre de la Légion d'honneur, membre honoraire de l'Académie des Sciences, Belles-Lettres et Agriculture de Brescia.

DE

L'EXÉCUTION

DES

LOIS MILITAIRES.

« Nous devons moins nous occuper des lois
» nouvelles, que de l'exécution des anciennes.»
Paroles de S. M. l'Empereur et Roi Napoléon.

INTRODUCTION.

Montesquieu a dit : « Les lois, dans
» la signification la plus étendue, sont les
» rapports qui dérivent de la nature des
» choses ; et dans ce sens, tous les êtres ont
» leurs lois ; la divinité a ses lois, le monde
» matériel a ses lois, les intelligences su-
» périeures à l'homme ont leurs lois, les
» bêtes ont leurs lois, l'homme a ses lois. »
Il est vrai que le monde matériel a ses lois ;

que l'homme a ses lois ; mais quelle différence ! L'Être suprême, en organisant l'univers, a commandé à la matière, et la matière a obéi. Des observations successives ont
donné lieu de penser que les lois de l'univers
n'étaient pas constamment suivies, puisque
les astres avaient des mouvemens irréguliers,
et que sur notre planète, il y avait de grands
déplacemens et de continuelles décomposi-
tions, ce qui semblait nécessiter de la part
du Créateur une surveillance continuelle pour
la conservation du monde. Des connaissances
plus profondes ont appris que l'œuvre de
l'Être suprême était plus parfait qu'on ne
l'avait jugé ; qu'ainsi les mouvemens irréguliers des astres n'étaient qu'apparens, et que
les principes qui se séparaient par la décom-
position, se réunissaient selon de nouvelles
combinaisons pour former une succession
éternelle ; vérité admirable, d'après laquelle
Dieu n'a qu'à se complaire dans son chef-
d'œuvre que des lois invariables gouver-
nent.

Cependant, si la matière passive suit régu-
lièrement les lois qui lui sont imposées, en
sera-t-il de même des lois qu'on donnera à

l'homme, être intelligent et doué d'une volonté intérieure, mais qui se laisse plutôt entraîner par ses passions, que conduire par le jugement ? Aussi croit-on pouvoir avancer que le législateur doit être moins attentif à rechercher et rédiger les lois mêmes, qu'à en prévoir l'effet et à en assurer l'exécution ; et c'est dans ce sens qu'on doit entendre ce que Solon dit aux Athéniens, en leur présentant des lois : « *Je ne vous donne* » *pas les meilleures, mais celles qui vous* » *conviennent le mieux.* »

Les difficultés qui se présentent pour la législation en général, n'augmentent-elles pas encore, pour les lois destinées à gouverner la portion la plus forte de la société ? car si elle ne veut pas les observer, qui l'y contraindra ?

Qu'une nation entière prenne les armes, c'est un état extraordinaire qui ne peut durer ; l'élection d'un chef, le serment d'obéissance à lui prêter, voilà à quoi se bornera chez elle la législation militaire. Elle consistait en cela chez les Gaulois, chez les Germains et chez tous les peuples qui ont fait la guerre en masse ; c'était leur intérêt personnel qui leur avait fait prendre les armes. Chacun pourvoyait à sa subsistance, et ils n'avaient réellement besoin de règles que pour le partage du butin.

Dès qu'il n'y eut plus qu'une portion de la société qui fut destinée à la guerre, on dut arrêter comment le choix s'en ferait. Ces guerriers se battant pour tous, il fallut que la nation les armât, les équipât et les dédommageât par une solde et des récompenses. Pour les avoir entièrement à sa disposition, on fut obligé de pourvoir à tous leurs besoins. Quand pour faire mouvoir plus aisément une armée, ou partie d'une armée, on l'eut divisée, et qu'on y eut établi des commandemens, il fallut régler les divisions, la place que chacun devait occuper, les pouvoirs des divers commandemens, et comment on passerait aux grades supérieurs. Plus d'un exemple ayant appris que ces hommes armés pouvaient mésuser de leur force, on chercha à y mettre des obstacles par des peines sévères, et par la religion du serment, en même tems qu'on leur rendait nécessaires tous les sentimens d'honneur. Et c'est ainsi qu'à mesure que le

métier des armes a formé un état plus dis-
tinct dans une nation , et que l'armée a eu
une organisation plus fixe, la législation militaire s'est compliquée.

L'armée a ses lois criminelles ; tout ce
qui la compose est également soumis aux
lois civiles et du commerce ; elle a de plus
des règlemens particuliers , et ce qui la distingue sur-tout, c'est que si chaque citoyen
pourvoit à l'entretien de sa famille , le soldat, tout entier au maniement de ses armes,
reçoit ce qui lui est nécessaire par les soins
du Gouvernement. Cette complication dans
les lois militaires , faisait un besoin d'y répandre des lumières , et cependant elles
n'ont pas encore eu, comme la législationor-
dinaire, des Montesquieu et des Daguesseau.

En recherchant l'origine des lois et réglemens militaires en France, on trouve que ce
sont des circonstances du moment, qui y ont
donné lieu. Chaque loi est rédigée d'après un
esprit particulier. La révolution en renouve-
lant toutes les lois dans le cours de quelques
années , devait par là même, leur donner de
l'ensemble ; mais les événemens ont été si
multipliés, qu'ils ont fait succéder dans quel-

ques instans la variété et l'instabilité que présentent ordinairement plusieurs siècles : de sorte que si on examine les lois révolutionnaires, on les trouve encore plus disparates, que les ordonnances rendues sous les trois derniers règnes. Qu'on rassemble les meilleures lois rendues jusques à présent, on aura bien mérité de l'armée ; mais ce ne sera encore qu'un recueil, et non un code militaire ; car le mot *Code* me paraît signifier un rapport, une union entre les lois, qui proviennent de ce qu'elles dérivent des mêmes principes, bien reconnus pour fondamentaux, dont elles ne sont que les conséquences. Mais sur-tout ce qui me paraît manquer à la législation militaire, c'est le ressort d'exécution ; aussi sa Majesté l'Empereur et Roi a-t-elle dit : *Nous devons moins nous occuper des lois nouvelles, que de l'exécution des anciennes.*

En effet, qu'importe qu'une loi soit plus ou moins parfaite, si elle n'est pas exécutée ? La loi est l'expression de la volonté du souverain pour défendre ou ordonner une action ; il serait absurde de supposer qu'il veuille une chose, et qu'il lui soit indifférent qu'elle ne soit pas exécutée, car ce serait vouloir et ne vouloir pas; ainsi la chose la plus importante dans la législation, est l'exécution.

Maintenant je demande qu'a-t-on fait pour remplir un objet si essentiel à l'armée? et je ne vois rien qui réponde à l'idée que j'en ai. Les Romains ont eu leurs Questeurs, toutes les puissances de l'Europe ont un Commissariat.; mais je ne connais aucun acte qui indique positivement que le but de l'institution des Questeurs et des Commissaires a été de faire exécuter les lois militaires. L'histoire et quelques ordonnances nous les montrent seulement comme chargés de l'exécution de certaines lois. Ce qui confirme mon assertion, c'est que quelquefois les règlemens sont adressés aux chefs militaires, ou à d'autres autorités, et que si on consulte l'esprit actuel de la législation, on voit que les commissaires des guerres sont considérés sous différens rapports; ce qui forme une incohérence d'où il doit naître de l'incertitude et des effets funestes aux intérêts de l'Etat. Tantôt on les reconnaît pour les représentans du Gouvernement, puis comme n'ayant pas ses pouvoirs. On les regarde comme chargés de l'exécution des lois, et dans d'autres circonstances comme

leur étant étrangers. On les charge de vérifier
et d'arrêter toutes les dépenses de la guerre,
et souvent on les rend passifs dans la reddi-
tion des comptes. On les désigne comme officiers sans troupes, faisant partie du grand
Etat-Major de l'armée, et quelquefois comme
de simples administrateurs (a), contradic-
tions qui prouvent combien nos législateurs
modernes avaient des connaissances et des
opinions différentes sur l'armée, et que si les
grands principes de la législation politique et
civile ont été savamment discutés, il n'en est
pas de même de la législation militaire, sur
laquelle il n'a encore paru aucun ouvrage
didactique.

Sans doute le Gouvernement est chargé de
l'exécution des lois; mais ses pouvoirs et ses
opérations devant être centralisés, il est nécessairement composé d'un petit nombre de

---

(a) Dans l'arrêté du 22 messidor an 6, on a compris les Commissaires des Guerres sous la même ac-
colade avec les employés d'hôpitaux. Ce sont de
semblables inconvenances qui ont contribué à donner une fausse idée du commissariat, et à le dé-
considérer.

membres, et dès-lors ne pouvant physiquement embrasser l'étendue de l'armée, il faut qu'il charge quelqu'un de le suppléer. Suivant cette proposition, qu'il serait difficile d'éluder, ou il chargera les chefs de l'armée de faire exécuter les lois, ou il aura recours à une autorité distincte.

Dans le premier cas, sans rappeller tout ce que de savans publicistes ont dit sur la nécessité indispensable de séparer le pouvoir législatif du pouvoir exécutif, je me bornerai à faire sentir l'application et la vérité de ce principe. Mais doit-on charger le militaire de se notifier à lui-même les lois ? s'il les supprime, s'il les interprète mal, s'il les oublie, qui les lui rappellera ? Qu'on fasse bien attention que tout soldat est essentiellement obéissant à son chef, et que si celui-ci fait taire la loi, il faut que les inférieurs gardent le silence, ou qu'on autorise les dénonciations, et alors qui pourrait les nombrer, qui pourrait calculer le coup que cela porterait à la subordination ? L'homme indulgent pour lui-même, encore qu'il se reconnaisse coupable, croit toujours que des circonstances atténuent sa faute, et que la peine qu'on lui inflige est trop forte. Tout soldat puni crierait à la tyrannie, et la vengeance lui dicterait des calomnies qui, confondues avec les plaintes fondées, ne permettraient jamais au Gouvernement de distinguer les chefs fauteurs, de ceux qui seraient observateurs religieux des lois militaires.

L'armée fait la force de l'Etat, c'est elle qu'on oppose aux ennemis extérieurs, c'est par elle qu'on maintient l'ordre dans l'intérieur, qu'on contraint à l'obéissance. Mais si la force armée refuse elle-même d'obéir, qui l'y obligera ? C'est parce que seule elle a les armes, et la puissance qu'elles donnent, qu'il importe davantage au Gouvernement de la diriger d'après sa volonté. Qu'on consulte l'histoire romaine, et on y trouvera des exemples terribles de l'insubordination et de l'envahissement du pouvoir par les légions (a).

Par le choix des chefs, le Gouvernement a un grand moyen de s'assurer de l'armée; mais je regarde aussi comme un moyen efficace,

____

(a) Lire le chapitre XIX du livre V de l'Esprit des Loix.

celui d'accoutumer l'officier et le soldat à l'observance scrupuleuse et exacte des lois.

Puisqu'il suffit du simple raisonnement pour reconnaître qu'on ne peut charger quelqu'un de se notifier à lui-même les lois, et de se contraindre à s'y soumettre, il faut donc avoir recours à une autorité distincte. Si Montesquieu veut « Que dans une monarchie » il y ait des rangs intermédiaires, et un » dépôt des lois confié à un corps politique » qui annonce les lois, lorsqu'elles sont faites, » et les rappelle lorsqu'on les oublie », je prétends que l'application de cette maxime d'état est encore plus indispensable à l'armée.

Que ce corps soit créé, il fondera la sécurité du Gouvernement ; dès-lors plus d'incertitude sur l'autorité chargée de l'exécution de cháque loi. Cette institution suffirait pour corriger en partie cette diversité d'esprits, qui a précédé à la rédaction de nos réglemens. Qu'on réfléchisse un moment à la complication de l'administration militaire, et on sentira l'utilité d'un corps, qui mettrait dans ses opérations cette suite, et cet accord si nécessaire à leurs succès ; qui entièrement occupé de ses fonctions, approfondirait la législation et y répandrait des lumières , qui mettraient à même de bâser sur des principes certains la constitution de l'armée.

Quand on convient que pour remplir dignement les magistratures civiles on ne saurait faire une étude assez longue et approfondie des lois , comment se trouve-t-il des personnes qui soutiennent que tout-à-coup on peut être chargé avec succès du dépôt des lois militaires ? Et cette assertion se fait après la guerre de la révolution , pendant laquelle on a vu des hommes dont l'éducation et les talens étaient les mêmes , embrassant deux carrières différentes dans le militaire ; les uns, guidés par la force seule de leur génie, allant de succès en succès , cueillir chaque jour de nouveaux lauriers , tandis que les autres se traînaient à peine sur leurs pas , sans qu'un seul ait acquis de la célébrité. Tant il est difficile de diriger l'administration militaire ! Enfin M. de Séchelles n'est-il pas le seul homme vraiment célébre dans cette partie , quand l'on cite plusieurs magistrats, et que les grands capitaines français sont nombreux?

Cela prouve que l'amour de la gloire et toutes les qualités héroïques et généreuses , qui rendent les officiers français redoutables dans les combats, et si aimables quand ils sont désarmés, ne suffisent pas pour diriger l'administration, et qu'il faut des connaissances réelles des détails, jointes à une expérience que l'étude, l'exercice et la tradition peuvent seuls donner. Ce qui contribue encore à en rendre la direction difficile, c'est son état secondaire, qui lui est assigné par sa nature même. Comme dans tous les mouvemens que fait l'armée, elle pourvoit à tous les besoins de la troupe, reconnus par la loi, MM. les généraux ont par cette position une grande influence sur l'administration. Non seulement, pour réussir, tout commissaire doit par son zèle et ses talens inspirer au général près duquel il sert, la conviction que les soldats qu'il commande recevront tous les secours humainement possibles; mais il doit obtenir assez sa confiance pour qu'il lui communique ses plans, ou du moins pour qu'il lui fasse pressentir ses mouvemens; sans cette heureuse situation il agira toujours aveugle, et fût-il doué d'une grande prévoyance, il sera souvent pris au dépourvu.

Certes, je suis loin d'exclure du corps que

je propose les militaires qui ont servi activement, et de leur refuser les talens nécessaires ; mais il est certain que pour exercer
cette partie, il convient de s'y livrer si com-
plettement, qu'on ne peut alors s'occuper d'é-
tudier la tactique : et puisqu'il faut que l'état
ait deux officiers, il doit d'autant plus désirer,
qu'au lieu d'alterner, ils s'adonnent chacun à
une des sciences de la guerre, qu'alors il obtient le corps particulier auquel Montesquieu recommande de confier le dépôt des
lois.

Si la garde de ce dépôt était purement
passive, et consistait dans un acte de simple
surveillance, les fonctions de ce corps n'exi-
geraient pour les bien remplir qu'une considération acquise et des vertus ; mais loin de
se borner à surveiller, elles se composent
encore de mesures d'exécution, qui constituent cette branche de la guerre, qu'on appelle *administration militaire.*

Pour ne l'avoir pas approfondie, on a mé-
connu et son objet et l'universalité des connaissances qu'il faut posséder pour bien administrer. Selon l'opinion commune, c'était
assez de quelques idées générales et d'une in-

telligence ordinaire ; alors les lois sont tombées dans la désuétude, les richesses de l'état ont été mal employées, les armées ont souffert ; il n'y a réellement plus d'administration militaire, et c'est à nos législateurs révolutionnaires à revendiquer la part qu'ils ont à ce désastre. Ne devrait-on pas croire que ces résultats fâcheux ont ramené tous les esprits ? Loin de cela, ils en ont confirmé plusieurs dans leur opinion, par le moyen d'une logique, vraiment faite pour étonner, si elle n'est pas un sujet d'admiration.

Les commissaires des guerres n'ont pas mieux administré que n'eussent fait en leur place les officiers, ainsi ils sont inutiles.

Les armées quoique mal administrées, ont remporté des victoires, donc l'administration ne sert à rien.

J'ai entendu un militaire distingué qui, abondant dans ce sens, soutenait que le gouvernement pouvait se dispenser d'avoir un représentant aux armées, parce que l'intérêt particulier, et la force des passions devaient toujours être dominés par l'honneur et les vertus patriotiques. Son assertion prouvait la candeur de son ame ; mais il était autant dans l'erreur , que le serait celui qui croirait à une certaine inspiration , qui dirigeant le soldat dans le sentier de la victoire , rendrait inutile tout commandement.

Si jamais des lois et même des réglemens pouvaient avoir en vue les personnes, et que j'eusse l'honneur d'être appelé au conseil du souverain, sans doute j'engagerais à donner carte-blanche à la majeure partie des officiers supérieurs que j'ai l'avantage de connaître ; mais cette supposition ne peut avoir lieu : un législateur ne considère jamais telle personne, il voit les hommes en général , et calcule tout l'effet que peut produire sur eux les passions qui agitent le cœur humain.

Sachons mieux profiter et de nos fautes , et des malheurs qui en ont résulté ; cherchons à faire une heureuse application à la législa-tion militaire , des lumières répandues sur les droits politiques des nations et des citoyens. Que les progrès faits dans les sciences nous aident encore, et tachons par une saine logique de tirer des conséquences justes des principes que nous aurons posés.

C'est après treize années d'expérience acquise aux armées, que je viens déposer aux pieds du trône mes vues, d'après l'ordre donné par Sa Majesté l'Empereur et Roi Napoléon, pour qu'il lui soit présenté le moyen le plus propre à faire marcher la législation militaire. Comme je n'en conçois pas de plus efficace que la création d'un corps politique notoirement chargé de faire exécuter les lois par l'armée, j'ai l'honneur de lui soumettre un projet d'organisation de ce corps, sous la dénomination de *Questure Impériale.*

PRINCIPES *d'après lesquels on pense qu'il conviendrait d'organiser une Questure impériale.*

Il y a un rapport nécessaire entre l'organisation du corps auquel on confiera les lois militaires, et le but de son institution. Pour discuter d'après quelles bases on doit l'organiser, je serai donc contraint de parler de ses fonctions ; mais j'éviterai autant que possible les détails, ne voulant que mettre à portée de juger chaque disposition de mon projet.

Dans l'exécution des lois, je distingue :

1°. Leur promulgation ;

2°. Leur exécution ;

3°. La punition à leur contravention.

C'est dans cet ordre que je traiterai successivement des fonctions, et par suite de l'organisation et des pouvoirs de la Questure. Je commence par indiquer les principes qui m'ont dirigé, afin que chacun puisse m'y rappeler, quand je les aurai négligés.

Premier Principe. Dès qu'il y a exécution, il faut un surveillant.

Deuxième Principe. Le surveillant doit être hors de l'action.

Troisième Principe. Quand il y a deux intérêts opposés, il faut un tiers pour décider.

Quatrième Principe. Les pouvoirs doivent être proportionnés aux fonctions.

Avant d'entrer en discussion, je crois, pour être plus intelligible, devoir présenter le tableau de la division des membres de la Questure.

QUESTURE IMPÉRIALE.

1re. SECTION. CENSURE.	2e. SECTION. COMMISSARIAT.			
		Ordonnateurs.		40.
		Auditeurs.		40.
	Commissaires {	aux Revues. { 1re. classe. 20. / 2e. classe. 30. / 3e. classe. 30. }		80.
Inspecteurs en Chef. 6.		des Guerres. { 1re. classe. 20. / 2e. classe. 30. / 3e. classe. 30. / 4e. classe. 40. / 5e. classe. 40. }		160.
Inspecteurs . . . 30.		Sous-Commissaires		40.
		Elèves Commissaires.		36.
36.	396.			

432.

J'ai conservé les noms anciens autant qu'ils ont pu servir à indiquer les fonctions que je veux faire attribuer à ceux qu'ils désigneront. Je ne suis point possédé de la manie d'innover ; et si je demande une nouvelle organisation , on peut croire que c'est après de longues réflexions que je me suis décidé à la proposer ; j'ai sur-tout été influencé par notre position actuelle. La révolution a renversé sans examen toutes les institutions , par cela seul qu'on les devait à l'ancien régime ; nous sommes dans un vrai cahos , d'où veut nous sortir un être bienfaisant auquel l'antiquité eût élevé des autels ; laissons nous entraîner , et considérons qu'il ne s'agit point de détruire , mais de rétablir , de perfectionner ou de créer.

PROMULGATION DES LOIS.

Le Code Napoléon a consacré le principe que les lois ne sont obligatoires qu'après leur publication ; effectivement, comment les observer si on ne les connaît point. Quel embarras pour un juge qui prononce sur le sort de quelqu'un qui a contrevenu à une loi qu'il ignorait, si ce dont on l'accuse n'est pas contraire au droit naturel de l'homme.

Les lois militaires, par leur sévérité et les sacrifices qu'elles exigent, ont besoin plus que les lois civiles, d'être notifiées à ceux qui doivent y obéir, et promulguées avec solemnité. Tous les esprits ne sont pas assez forts pour raisonner l'obéissance ; la pompe y supplée, et les dispose à s'y soumettre. Il en résulte que la volonté du souverain est exécutée, et qu'il n'est pas dans le cas de punir ; deux avantages incalculables, qui méritent de fixer l'attention de tout gouvernement éclairé.

Nous sortons d'un état révolutionnaire

pendant lequel on voyait chaque jour de nouvelles lois annuler celles de la veille. La rapidité avec laquelle elles se succédaient a fait renoncer au devoir de les promulguer et de les étudier. On ne peut disconvenir que la mauvaise impression que cela a fait, ne dure encore, et qu'il ne soit instant d'y remédier. Les paroles que j'ai citées au commencement de cet ouvrage, prouvent que Sa Majesté en est convaincue, et qu'elle veut que les lois militaires soient fixes. Plus elles seront stables, moins il y aura de promulgations; et cette cérémonie moins multipliée, aura un caractère plus auguste.

Par cela même qu'on n'est tenu à observer que les lois publiées, c'est à celui qui est chargé de surveiller leur exécution, à les promulguer ; parce que, si dans l'exercice de ses fonctions, il est dans le cas de reprocher qu'on ne les observe point, on ne peut s'excuser près de lui sur ce qu'on ne les connaît pas, quand il en a fait la promulgation. Cet acte est un préliminaire implicitement compris dans l'exécution, et d'où dérive la nécessité de faire publier les lois à l'armée par la Questure Impériale.

Suivant le même raisonnement, les lois doivent être adressées à la *censure*, chargée d'inspecter, pour être transmises au commissariat.

Les six inspecteurs en chef formeraient à Paris un comité central. On assignerait à quatre d'entre eux un arrondissement de sept divisions ; les deux autres auraient l'inspection des armées et les opérations extraordinaires.

Les lois seraient remises par le ministère de la guerre au comité central, dont les membres les feraient parvenir aux commissaires-ordonnateurs exerçant dans l'arrondissement ou l'armée commise à leur inspection.

Les ordonnateurs, à la réception d'une loi, en donneraient communication au général commandant en chef, afin de s'entendre avec lui sur la publication. Cette déférence, due au commandement, ne doit pas être ordonnée par une loi, mais seulement par instructions, car il se peut trouver telle circonstance, qui prescrirait des mesures contraires au commandant et pour lesquelles le Questeur aurait besoin de toute son indépendance. Ainsi la loi organique devrait déclarer, que nul ne peut s'opposer, ni retarder la publication de la loi; tándis que les lettres d'envoi prescriraient de prendre l'attache du commandant en chef *seul*.

Cette mesure n'empêcherait pas le gouvernement d'envoyer directement un exemplaire des lois aux généraux en chef, pour qu'ils sussent que la Questure a un devoir à remplir ; mais cet envoi ne serait pas regardé comme notification officielle.

Les ordonnateurs, à la réception des lois, les enrégistreront, et après en avoir donné la communication que j'ai indiquée , s'il n'y a point d'oppositions valides , ils les adresseront aux auditeurs , aux commissaires aux revues et des guerres, avec ordre de les proclamer.

Aussitôt la réception, ces commissaires porteront sur un régistre destiné à cette formalité , la date de toute loi, son objet et le jour qu'ils l'auront reçue. Alors ils préviendront le chef militaire, qu'ils ont ordre de publier une loi, dont ils indiqueront le titre et demanderont le jour que le service permettra de rassembler les troupes pour la leur proclamer ; ce rassemblement ne pouvant en aucun cas être retardé de plus de trois jours.

Tout ce qui tient à l'armée, devant obéir aux lois ou prêter main forte pour leur exécution, états-majors, officiers isolés, troupes et employés doivent y assister en grande tenue, et y observer un profond silence. Pour disposer encore à écouter avec plus de respect la publication, j'engage à décider qu'un détachement ira avec les drapeaux chercher le membre de la Questure, qui prononcera la loi, le considérant alors comme l'organe et le représentant du gouvernement désigné pour exprimer la volonté du souverain. Si le ministre de la guerre pouvait se faire entendre par toute l'armée, il publierait les lois, et alors cette disposition n'étonnerait pas; dans l'impossibilité de le faire lui-même, il est contraint d'avoir quelqu'un qui le représente; et quand les honneurs accordés à ceux qu'il en charge, leur donneraient une considération personnelle, elle tournerait au profit de la chose publique.

Dans les places et camps où il y aurait un auditeur, c'est lui qui ferait les proclamations.

Lorsqu'en l'absence d'auditeurs, il y aura des commissaires aux revues et des commissaires des guerres, les proclamations seront faites par les commissaires aux revues.

Les lois, ordonnances, réglemens et dé-cisions seraient divisés en trois classes.

La première se composant des lois assez importantes pour que la publication en soit renouvelée.

La seconde de celles qui ne seraient pu-bliées qu'une fois.

La troisième de celles qui ne seraient no-tifiées que par correspondance officielle.

Toute publication sera constatée par un procès-verbal dressé par le Questeur, et si-gné par les chefs militaires.

Si le réglement ou la décision n'est que notifié, quiconque l'aura reçu devra en ac-cuser réception.

Chaque Questeur, après une proclamation ou notification, continuera de remplir sur le régistre des lois, les cases conservées pour indiquer le jour de la proclamation ou no-tification, les noms de Messieurs les officiers-généraux des régimens ou corps détachés auxquels elle aura été faite.

Les auditeurs, commissaires aux revues ou des guerres, pour prouver aux ordonnateurs qu'ils ont exécuté les ordres qu'ils auront reçus pour publier les lois, leur adresseront une expédition des procès-verbaux, ou copie des accusés de réception, qui seront transmis de suite par les ordonnateurs, aux inspecteurs en chef.

Ces inspecteurs ayant l'état d'emplacement des généraux, des Questeurs et des corps de l'armée, vérifieront si tous les commissaires ont rempli leurs devoirs, et si toute l'armée a connaissance des nouvelles lois. De plus, par les inspecteurs, dont ils dirigeront les tournées, ils feront vérifier si les régistres des lois sont exactement tenus et les proclamations bien faites. Par-là on aura la certitude que les lois sont connues, et qu'il en existe des recueils complets chez les membres de la Questure.

Ces dispositions me paraissent aussi devoir donner à la publication des lois, la dignité convenable. On peut en indiquer d'autres, mais toujours faut-il qu'elles aient de la pompe ; car du peu de soin qu'on prendrait pour les faire connaître, naîtrait l'idée qu'on tient peu à ce qu'elles soient observées.

DE L'EXÉCUTION.

La Questure Impériale étant destinée à faire exécuter les lois, c'est leur exécution qui doit influer le plus sur l'organisation de ce corps. Le mot *exécution* appliqué aux lois militaires a un sens beaucoup plus étendu que dans le civil; non-seulement il s'agit de surveillance, mais de dispositions; et comme le Français, pour être soldat, ne cesse point d'être citoyen, il faut qu'il puisse trouver par-tout des fonctionnaires qui aient les pouvoirs attribués aux magistrats civils. L'armée est une cité ambulante, ayant avec elle tous ses élémens, et près de laquelle la Questure doit être une magistrature univer-selle, c'est-à-dire qui accumule les pouvoirs et les fonctions des différentes magistratures civiles.

Par rapport aux lois civiles, les Questeurs remplacent les notaires pour les actes, les magistrats pour les naissances, les mariages et les décès.

Par rapport aux lois militaires, les Questeurs surveillent l'exécution des lois, ou donnent des ordres pour les faire exécuter. Ils n'ont que la surveillance pour ce que les militaires ont à faire d'après la loi. Ils ont des ordres à donner pour faire jouir le militaire de tous les avantages prescrits par les reglemens. Comme intermédiaires ou représentant le gouvernement, ils veillent à ce que le militaire ayant ce que la loi accorde, ne prétende rien au-delà, et à ce que toutes les dépenses faites pour l'armée, ne soient point exagérées.

C'est sur-tout en examinant l'objet que le souverain se propose, en faisant les lois sur l'armée, que nous pourrons mieux juger les fonctions de la questure, et quel est le véritable esprit de l'administration militaire.

Veiller à ce que les militaires observent les lois, est ce qu'on appelle en avoir la police. Cette police commence aussitôt que l'homme est désigné pour l'armée, par l'autorité civile, ou dès qu'il s'est enrôlé sous les drapeaux. Si les lois, à cet égard, n'ont pas été suivies, ou si l'homme n'est pas constitué de manière à pouvoir servir, les Ques-

teurs doivent solliciter sa réforme ou l'annullation de son engagement; car le souverain
ne veut pas que sous prétexte d'un enrôle-
ment volontaire, on prenne de force un citoyen, ni qu'on fasse subsister aux dépens de
l'état, un sujet qui, par des vices de con-
formation, n'est pas propre au métier des
armes.

En organisant les corps, le souverain a
principalement en vue les opérations militaires, et c'est à Messieurs les officiers généraux qu'il appartient de les rédiger. Mais
ces lois faites, lorsqu'elles ont réglé la force
des corps, le nombre et la division des grades,
les Questeurs en surveillent l'exécution pour
tout ce qui est prévu.

Dans les lois sur l'avancement, le gouvernement a pour objet, de lier au service,
par des promotions régulières, et d'avoir des
officiers capables de commander. Tout passe-
droit ou contravention à la loi donnerait du
dégoût; et pour l'empêcher, les Questeurs
sont attentifs à ce que, dans le cas d'avancement par ancienneté, ou au choix du corps,
le sujet ait les qualités et les droits prescrits.
Si la nomination a été faite par le Gouver-

nement, les Questeurs se font représenter le brevet ou la commission.

L'élévation à un grade , conférant à celui qui l'obtient, le commandement et la direction d'une partie de la force publique, pour se l'attacher, et avoir moins à craindre du pouvoir qu'on lui accorde, on a recours à la religion du serment. Lorsque Sa Majesté l'Empereur, ou un membre du Gouvernement ne peuvent recevoir le serment, c'est entre les mains des Questeurs qu'on doit le prêter.

La force des armées consistant principalement dans les vieilles bandes , le Gouvernement a intérêt de fixer les soldats aux drapeaux, en récompensant les longs services. C'est l'exécution ponctuelle des lois sur les retraites et les vétérans, qui engagent les jeunes militaires à consacrer leur vie au métier des armes. Les Questeurs ne sauraient trop surveiller ces lois, dont une partie de l'exécution leur est commise. Je pense que c'est une de leurs plus belles fonctions ; ils sont alors les dispensateurs de la reconnaissance nationale envers ses anciens défenseurs, et leurs soins doivent accompagner ces vieux guerriers jusques dans la tombe.

Quelque soit le mode adopté pour procurer des chevaux à la cavalerie, au train d'artillerie et aux équipages, toujours faut-il que le représentant du gouvernement reconnaisse s'ils ont l'âge, la taille et les qualités prescrites par les réglemens. Les Questeurs doivent encore veiller à ce que les ordonnances soient suivies à l'égard du pansement journalier, car ils ne peuvent perdre de vue ce qui concerne les intérêts de l'État.

Le souverain, pour avoir continuellement une armée sur pied, et la porter où il veut, pour laisser au soldat l'unique soin du maniement de ses armes, et à l'officier l'étude des combinaisons, qui maîtrisent la victoire, paye à chaque militaire une solde proportionnée à son grade, et fait pourvoir à sa subsistance, à son habillement et aux autres effets dont il doit être muni. Ces dispositions occasionnant une dépense considérable, entraîneraient la ruine de l'Etat, si par de sages réglemens, on ne mettait un obstacle au désordre. Aussi le Gouvernement ayant le plus grand intérêt à connaître avec la dernière précision, la force dont il peut disposer, et le nombre d'hommes qu'il a à entretenir, tient-il à ce que les lois sur le dénombrement soient exécutées avec rigueur et ponctualité. Pour savoir chaque jour dans quelles armes, quels corps, quelles grades et quelles positions se trouvent les militaires, et quel est le nombre des chevaux existans, les Questeurs tiennent des contrôles, sur lesquels on inscrit les noms, l'entrée au service, l'existence, les mutations ; et pour vérifier ces contrôles, ils ont le droit de convoquer et de passer en revue l'armée. Ces opérations les mettent à même de délivrer des extraits de revue, indiquant ce qui revient à chaque militaire pour les journées de présence, suivant l'arme, le grade et la position dans laquelle il s'est trouvé.

Pour la solde, ils veillent à ce qu'il y ait les fonds nécessaires pour faire face à cette dépense ; et quant aux fournitures, ils doivent connaître et vérifier les moyens pris par le gouvernement pour assurer les services, et ils leur donnent la direction que nécessitent les mouvemens des troupes. Si les mesures n'ont pas été prises, ou si elles manquent, ils doivent faire eux mêmes des dispositions, afin que le vœu de la loi soit toujours rempli. Dans l'un et l'autre cas, ils reconnaissent les quantités et qualités; ils ordonnent, et suivent les mesures, de conservations ; ils dirigent la manipulation ils font f aire les distributions , et constatent les pertes. Ils vérifient la comptabilité, ils l'arrêtent et ordonnancent le paiement des fournitures. Les devoirs de leur place et leur responsabilité , fondent la sécurité du soldat, du général et du souverain. Ils doivent mettre tout en usage pour que l'armée , quelques soient ses opérations, ne manque jamais , et que cependant les moyens et les trésors de l'Empire soient conservés. Cette position met quelquefois les Questeurs en intermédiaires, et dans le cas de prononcer sur les prétentions des militaires ou des employés de l'administration, dont les intérêts sont opposés. Le militaire ayant la force , s'il avait le droit de se faire justice par lui-même, ses désirs seraient la loi ; et alors, qui se chargerait de la garde des magasins? Le Questeur est le tiers impartial qui doit prononcer, et au jugement duquel on doit déférer. Ce qui, plus encore que le droit contribuera à faire souscrire sans murmures à sa décision, c'est non seulement la manière dont il aura agi , mais la réputation que je désire qu'il ait , d'aimer le soldat et de faire profession d'une exacte justice.

La solde et les fournitures faites à des corps ou détachemens, sont remises en masse aux officiers chargés des détails, qui doivent en faire la répartition dans l'intérieur des corps, sous les yeux des chefs et des conseils d'administration. Si les Questeurs perdaient de vue la solde et les fournitures de denrées ou d'effets , dès que la remise au corps a eu lieu, ils ignoreraient si chaque militaire a reçu ce que lui attribue la loi : et c'est pour continuer d'en surveiller l'exécution, que les Questeurs vérifient l'administration intérieure des régimens.

Plus le Gouvernement a exigé de sacrifices du militaire , pour disposer de lui et l'employer à sa défense, plus il a augmenté ses obligations envers lui. C'est lorsque le soldat tombe malade au drapeau , et sur-tout est blessé, que la justice et la reconnaissance imposent l'obligation de le secourir. Les Questeurs sont chargés de ce sacré ministère; ils ont des pouvoirs d'autant plus étendus à cet égard, que c'est le vœu bien prononcé du souverain. Officiers de santé , employés, tout ce qui dé-

pend des hôpitaux est sous leurs ordres et inspection. Certes, si je désire que tout le personnel de l'administration des armées ait
une organisation militaire, c'est sur-tout pour
celui des hopitaux que je la réclame. La mé-
decine et la chirurgie militaire exigent une
étude particulière; il faut des années pour
former des employés et des infirmiers. Si Sa
Majesté l'Empereur et Roi a à se féliciter de
l'organisation qu'elle a donnée aux conduc-
teurs du train d'artillerie, je la supplie d'avoir
égard à l'expérience que j'ai acquise dans la
police supérieure des hôpitaux, et d'instituer
militairement tout le service hospitalier,
comme le seul moyen d'y mettre la régularité et la précision indispensables. Le spec-
tacle pénible des hôpitaux, l'air qu'on y res-
pire donnent de l'éloignement pour ces lieux
habités par la douleur et la mort ; il faut
chercher à combattre cette répugnance par
un état fixe et honorable, et en assurant un
sort à ceux qui se sentent assez d'humanité
pour s'y consacrer pendant une longue suite
d'années.

Quant au grand et petit armement, c'est
sans doute aux officiers des différentes armes

et principalement aux officiers d'artillerie à décider de l'espèce, de la forme des armes, et des épreuves qu'elles doivent subir. Les officiers d'artillerie doivent aussi diriger les travaux et même recevoir les armes. Mais c'est par-devant les Questeurs que les expertises et les épreuves ont lieu, afin qu'ils s'assurent et constatent qu'on a suivi les formalités prescrites à la réception de la poudre et des armes. Dans ce qui concerne l'armement, ils surveillent la comptabilité pour toutes les dépenses en nature et en deniers, ils dressent des procès-verbaux des réceptions comme des pertes et des démolitions.

Lorsqu'il sagit de constructions, c'est aux officiers supérieurs, sur-tout à ceux du génie à décider lorsqu'on élévera des fortifications, et quel plan sera suivi ; c'est aussi au génie à diriger et recevoir les travaux. Mais le Gouvernement règle par des lois, quelles formes on suivra pour en décider, pour recevoir les ouvrages et régulariser les dépenses. C'est alors que le commissariat intervient, soit pour faire les adjudications, soit pour passer la revue des ouvriers, soit pour constater que les formalités ordonnées ont été suivies.

S'agit-il de casernes ou batimens administratifs à construire dans une place de guerre?
le commandant de place, le chef du génie et le
Questeur concourent ensemble pour ces établissemens, mais sous trois rapports : le commandant de la place pour la position sous les
rapports militaires ; l'officier du génie sous les
rapports militaires et sous ceux de facilité ,
de difficulté, de construction et d'économie ;
le Questeur sous les rapports de nécessité ,
de capacité, d'économie , et de divisions intérieures pour les établissemens militaires.

Les lois exigent que les troupes soient
logées ou abritées, autant que les circonstances peuvent le permettre ; c'est une des
principales attributions du commissariat, d'en
suivre l'exécution.

Si les troupes sont dans des places où il y
a des casernes, on les y loge. Le commandant
de la place y maintient le bon ordre; l'officier du génie veille à la conservation des bâtimens ; les commissaires à ce que les militaires aient des fournitures, et à ce que tout
ce que prescrit la loi soit observé.

Quand, à défaut de casernes, on doit loger
la troupe chez l'habitant , les Questeurs don-

nent à l'autorité civile l'état des logemens à faire. S'il y a contestation entre l'autorité civile et le militaire, les Questeurs décident d'après la loi. Si l'autorité civile né fait point l'assiette du logement, d'après les ordonnances ; si elle y met de la partialité, les Questeurs qui doivent lever tous les obstacles que rencontre l'exécution de la loi, ont le droit, suivant la rigidité des principes, ainsi que les y autorisaient les anciennes ordonnances, de faire eux-mêmes la répartition du logement.

Quand il n'y a pas de logemens militaires pour les officiers, le commissariat leur fait payer l'indemnité fixée par les réglemens.

En campagne, on donne des tentes, ou des matériaux pour le *baraquement*, on donne des ustenciles de cuisine, des outils, et ces objets rentrent dans la catégorie des fournitures.

Enfin, considérant en général les lois militaires, et en recherchant l'esprit, on découvre que toutes ont pour objet l'intérêt du Gouvernement, ou celui du soldat, et que ce dernier fait même partie du premier, car toute faveur est accordée au militaire dans le dessein d'augmenter son attachement, d'exciter sa bravoure, ou de piquer l'émulation de ses compagnons d'armes ; c'est toujours dans ce sens que doivent raisonner les Questeurs , et ce serait mal entendre les intérêts de l'Etat, que de priver le guerrier de ce qui lui est attribué.

Les détails dans lesquels je suis entré suffiraient pour donner une juste idée des fontions de la Questure, si on ne l'avait déjà. On aura remarqué que dans tout ce qui donne lieu à une dépense , comme dans le rassemblement, la direction et la manipulation des approvisionnemens, les commissaires donnent des ordres et veillent aux intérêts de l'Etat. En examinant les opérations en masse , on les voit ordonnées , constatées et ordonnancées par les Questeurs, et seulement exécutées sous leur influence , par les employés de l'administration , ou établies avec le concours des officiers d'artillerie pour ce qui concerne leur arme , de ceux du génie pour les constructions, de ceux des corps pour l'administration intérieure des régimens, et ces deux actions ne seraient point d'accord avec le principe que j'ai mis en avant , si je n'y suppléais point par l'organisation de la Questure.

Les fonctions des Questeurs ont de l'unité

comme destinée à faire exécuter la loi, d'où résulte la nécessité de les faire diriger par un seul chef dans chaque division ou armée; mais dans les détails, je distingue plusieurs opérations qui, quoique concourant à la même action, demandent une division de pouvoirs parmi les membres de ce corps.

On peut d'abord faire trois grandes divisions.

1º. Les ordres à donner et les dispositions à prendre.

2º. Ces ordres et ces dispositions à exécuter ou faire exécuter.

3º. L'exécution à approuver et ordonner des résultats.

Si celui qui donne l'ordre en constatait l'exécution, il n'y aurait plus de contrôle, et une seule volonté déciderait des finances de l'Etat. Ainsi les deux premières divisions ne peuvent appartenir à un même fonctionnaire. Mais il est naturel que le même qui donne l'ordre en approuve l'exécution, car personne ne peut mieux juger si ses intentions ont été fidèlement remplies. C'est d'après ces réflexions, que je proposerais de décider, 1º. que les ordonnateurs donneront les ordres et prendront les dispositions, 2°. que les commissaires feront exécuter, établiront, vérifieront et arrêteront toutes les pièces d'exécution. 3°. Que leur travail et les résultats seront adressés aux ordonnateurs, qui les examineront pour les approuver et ordonnancer s'il y a lieu.

N'est-il pas évident, que si la même personne passe les marchés, constate les réceptions et ordonnance le payement des fournitures, la fortune publique dépend de sa moralité ; mais que si c'est un autre fonctionnaire, qui constate les réceptions, le marché en vertu duquel on n'a pas fourni est comme non avenu et ne peut occasionner d'abus ? Ainsi la division de pouvoirs que j'engage à déterminer positivement est une mesure vraiment conservatrice des richesses de l'Etat.

Dans le travail des commissaires, formant la seconde division, je vois encore la possibilité de séparer les attributions, et d'obtenir une liberté d'action et un moyen de comparaison, qui procureraient de grands avantages. C'est d'après cela que je divise les commissaires, en commissaires-auditeurs, commissaires aux revues et commissaires des guerres. Je parlerai des auditeurs dans le chapitre suivant. Quant aux commissaires aux revues et commissaires des guerres, j'ai été déterminé par les mêmes raisons auxquelles on doit la création des sous-inspecteurs aux revues.

Une grande partie des dépenses se faisant pour pourvoir aux besoins des hommes et des chevaux, les consommations doivent être en rapport avec la force journalière de l'armée. En confiant à une section du corps le personnel et à l'autre le matériel, (*a*) on obtient nécessairement un moyen de comparaison, et on divise deux fonctions qui, réunies chez un seul, offriraient une facilité de plus de couvrir des consommations exagérées, en les faisant coïncider avec le nombre des consommateurs.

Les commissaires aux revues seraient chargés des fonctions qu'ont en ce moment les sous-inspecteurs aux revues. (*b*). C'est-à-dire

_____

(*a*) Cette expression induirait en erreur, si je n'observais que dans le fait, cette division a moins de force qu'il ne le paraît, parce que les commissaires ne manipulent pas eux-mêmes le matériel, et qu'ils ne font qu'en diriger et surveiller la manipulation.

(*b*) La dénomination de *sous-inspecteur aux re-*

qu'ils passeraient en revue les troupes ; qu'ils auraient particulièrement la tenue des contrôles, la confection des revues et l'administration intérieure des corps.

Cependant je crois utile de décider que les commissaires des guerres passeront des revues d'effectif dans les deux cas que je vais indiquer.

1°. Pour aider les commissaires aux revues, et alors ils leur adresseraient les feuilles d'appel; parce qu'à moins d'autorisations particulières, ils ne devront pas tenir de contrôles ni dresser de revues portant décompte.

2°. Pour vérifier la force d'une troupe pour laquelle on leur demanderait une fourniture. L'impossibilité où sont aujourd'hui les commissaires des guerres de vérifier par une revue le nombre des hommes pour lesquels on leur présente un bon, offre une facilité de l'exagérer, très-dangereuse à l'armée, où souvent

---

vues n'est pas heureuse ; la première syllabe annonce une infériorité qui ne convient pas à cet emploi ; et les mots *inspecteurs aux revues*, désignent dans le sens qui leur est propre, une personne inspectant de quelle manière on passe les revues; mais non celui qui passe activement en revue les troupes.

il importe plus de conserver les moyens du jour, que d'avoir la possibilité de reconnaître dans la suite s'il y a eu de trop fortes consommations.

Mais cette divison dans les détails, qu'on ne saurait trop approuver, et dont on a eu des résultats si satisfaisans depuis la création des inspecteurs aux revues, est loin de suffire et d'atteindre le but qu'on s'est proposé. J'affirme que les revues seules ne contrôlent point toutes les opérations administratives et n'empêchent point les grandes dilapidations.

Les revues ne peuvent servir de pierre de touche pour apprécier les dépenses du matériel de l'artillerie et du génie.

Elles n'indiquent point lorsque les magasins de l'armée ont été formés par des achats ou des réquisitions.

Elles ne font point connaître lorsque le soldat est alimenté par les habitans.

Elles ne peuvent apprendre lorsque les circonstances forcent à diminuer les rations.

Elles ne contrôlent point les mauvaises gestions, les fournitures, les pertes et les avaries.

L'administration des hôpitaux leur est en

grande partie étrangère, puisque par elle on ne peut savoir si on a retardé l'époque de la mort des malades; si les journées des prisonniers sont exactes; si aux cahiers de visite vrais ou n'en substitue pas de faux; si les malades sont bien traités; si les achats, si les dépenses de denrées, de médicamens, de fournitures et du personnel ne sont point exagérées.

Les revues ne peuvent non plus contrôler les levées de contributions en pays ennemis. Enfin, si les inspecteurs aux revues et les commissaires des guerres négligent leurs fonctions, s'ils ne font que signer le travail fait par les intéressés, s'ils ont une conduite inconvenante et ne conservent pas leur dignité, ce n'est point par les revues qu'on pourra l'apprendre.

Pour obtenir un contrôle réel, et mettre le complément aux mesures de précaution, que j'ai déja indiquées, en divisant les fonctions, je propose une *censure* comme étant le moyen certain de remplir les intentions de Sa Majesté l'Empereur et Roi Napoléon.

Montesquieu que j'aime à citer dit : « Ce ne sont pas seulement les crimes qui » détruisent la vertu, mais encore les négli-

» gences, les fautes, une certaine tiédeur
» dans l'amour de la patrie, des exemples
» dangereux, des semences de corruption,
» ce qui ne choque pas les lois, mais les
» élude ; ce qui ne les détruit pas, mais les
» affaiblit. Tout cela doit être corrigé par des
» censeurs. (a).

Les personnes qui ont pratiqué l'administration militaire conviendront qu'il n'est point d'institution à qui cette proposition de Montesquieu soit plus applicable. On dirait que c'est elle qu'il a eue en vue à chaque idée. Les lois militaires ayant sur l'armée une action de tous les jours, tantôt ce sont des pratiques minutieuses, qui se renouvellent à chaque instant et qu'on néglige volontiers ; tantôt il faut de la force de caractère et une vertu inattaquable ; souvent une chose doit être faite dans la minute qui lui est destinée, ou le moindre retard peut avoir les résultats les plus funestes sur les richesses de l'Etat, sur le sort des hommes, enfin sur les succès des armées et les destins de l'Empire.

____

(a) De l'Esprit des Lois, liv. 5, chap. 19.

C'est par des censeurs instruits, capables d'apprécier et juger le travail, les circonstances et les hommes, qui contrôleront les opérations des commissaires, que le Gouvernement aura la certitude que les lois sont observées, ses intérêts conservés; ou si cela n'est point, c'est par ce moyen qu'il saura quels sont les obstacles ou les délinquans; sans cette mesure le ministre aura-t-il jamais des renseignemens exacts sur la conduite et la capacité de ses représentans?

Dans l'état actuel des choses, celui qui ne contrarie point les intérêts personnels, qui ne fait que placer son nom au bas du travail qu'on a fait pour lui, celui-là dis-je a peut-être les meilleures notes. Ainsi je considère comme une chose très-utile et même indispensable la création d'une censure.

Je propose de la composer de six inspecteurs en chef et de trente inspecteurs. Quatre inspecteurs en chef auraient, comme je l'ai déjà dit, chacun l'inspection de sept divisions militaires, et les deux autres celle de l'armée. Cependant ils resteraient à Paris où ils formeraient un comité central, et il ne pourrait jamais y en avoir plus de trois en tournée.

Comme leurs principales fonctions consisteraient dans les résultats, ils ne quitteraient le comité que pour des cas extraordinaires, et c'est par les inspecteurs qu'on aura le contrôle immédiat.

Les inspecteurs résideraient au quartier-général de l'armée, ou de la division militaire dont ils auraient l'inspection.

Il seraient tenus à une tournée de rigueur, dans le mois qui suit chaque trimestre, et à deux tournées extraordinaires pendant le trimestre.

Dans le cours de leur inspection, ils s'assureront si les commissaires tiennent exactement les contrôles, registres des lois, des procès-verbaux, d'opérations et d'arrêtés de comptabilité, et ils inséreront sur ces registres mêmes dans quel état ils les ont trouvés. Ils reconnaîtront si les auditeurs poursuivent avec vigueur et impartialité les délits militaires. Ils vérifieront si les commissaires aux revues passent exactement et avec rigueur les revues, et s'ils suivent les comptabilités intérieures des corps. Ils examineront si les commissaires des guerres suivent tous les détails de la manutention, des effets ou den rées en tout genre ; s'ils exigent que la comptabilité soit à jour, et arrêtent les registres des comptables à la fin de chaque mois.

Je ne pense pas qu'il faille donner aux inspecteurs le droit de contrôler le travail intérieur des bureaux des ordonnateurs, parce que le poste qu'occupent ceux-ci annonce qu'ils méritent une haute confiance, et il faut bien se garder de diminuer la considération dont ils ont besoin. D'ailleurs, si on veut bien y faire attention, on s'appercevra que cette mesure est inutile ; car l'ordre de l'ordonnateur n'est que préparatoire ; il faut que le commissaire ait constaté l'exécution et arrêté les pièces sur lesquelles l'ordonnateur ordonnance ; ainsi le travail du commissaire étant un intermédiaire entre les deux opérations des ordonnateurs, il suffit de s'assurer de sa régularité.

Je sais bien qu'il serait souvent impossible aux inspecteurs de ne pas parler dans leurs rapports de l'administration des ordonnateurs ; mais ils doivent le faire avec circonspection, et quoiqu'on doive leur donner le droit de demander les renseignemens qui leur seraient utiles pour inspecter les commissaires, il ne

faut pas qu'il puissent exiger des comptes , ni
contrôler la tenue de leurs bureaux. Je propo-
serai seulement de leur faire mettre à la fin des
trimestres un arrêté sur le régistre des ordonnances.

A chaque tournée les inspecteurs feraient
part aux ordonnateurs de ce qu'ils auraient
remarqué en bien et en mal ; après avoir reçu
leurs observations, ils feront leurs rapports aux
inspecteurs en chef. Ces rapports serviront de
base aux inspecteurs en chef pour faire chaque
trimestre au ministre, par arrondissement ou
armée, un rapport partiel sur les faits et les
personnes ; et tous les ans le comité central
fera au Gouvernement un rapport général
sur la manière dont l'armée aura été admi-
nistrée, et il présentera des vues d'amélioration.

Les différentes armes ont des généraux-
inspecteurs ; dans le civil, toutes les adminis-
trations ont un contrôle , les tribunaux ordinaires en ont un dans les cours d'appel , et
ils ont une censure suprême dans le tribunal
de cassation ; pourquoi le corps qui , à l'armée,
sera chargé du dépôt des lois , n'aurait-il pas
des censeurs ? Sa Majesté l'Empereur et Roi

Napoléon, en prenant les rênes du Gouvernement, en a manifesté l'intention. Je crois avoir démontré que la création des inspecteurs aux revues, qu'on lui présentait alors, est une mesure qui ne peut remplir ses vues; peut-être que les idées que je soumets auraient un effet plus étendu.

———

PUNITION A LA CONTRAVENTION,

OU

JUSTICE MILITAIRE.

L'exécution des lois militaires est si importante, que tous les législateurs ont infligé des
peines très-sévères pour les délits commis à
l'armée, et ont abrégé les formes de la procédure, afin que la punition suivant de près
le crime, l'exemple fût prompt, et que l'idée
du supplice se trouvât liée à celle du forfait.
Plus la punition est forte, moins on a de
tems pour la procédure, plus il importe
qu'elle soit bien conduite ; l'innocence reconnue, ou le coupable puni.

Ce qui détermine le délit, c'est la défense
prononcée par la loi, de faire telle action.
Tout délit est poursuivi d'après la loi, est jugé
et puni selon la loi. Ainsi la Justice militaire
est une partie essentielle de l'exécution des
lois, qu'on ne peut sans inconséquence isoler

des fonctions de ceux auxquels le dépôt des lois est confié. Pour que l'on puisse espérer que les lois seront exécutées, il faut que le militaire voie dans les fonctionnaires chargés de les lui faire observer, des magistrats capables de distinguer la vérité de l'imposture, sous telle forme qu'elle se cache, qui, s'il est innocent, le défendent, ou qui l'atteignent du glaive de la justice, s'il est criminel. Charger un corps de l'exécution des lois, et un autre de punir, c'est consentir au désordre, ou même le favoriser. Aussi qu'on me demande pourquoi l'administration ne marche pas? je répondrai que je ne connais pas d'effet sans cause, et que les Commissaires des guerres étant sans pouvoirs, ne peuvent faire marcher une aussi lourde machine.

En traitant chaque partie isolément, on conçoit comment on peut regarder comme indifférent le rapport de la composition des Conseils de guerre avec la constitution de l'armée. Mais si on voit la chose plus en grand, et que, suivant Montesquieu, on reconnaisse que les lois doivent être *les rapports nécessaires qui dérivent de la nature des choses,* on ne peut commettre de semblables erreurs et diviser l'exécution des lois. L'Assemblée constituante, qui était pénétrée des grandes idées législatives, a reconnu le principe que je soutiens, par la création des Cours martiales. Il est à remarquer que son décret fut pris sur l'avis de son Comité militaire, entièrement composé d'officiers supérieurs. Leur expérience et les connaissances profondes qu'ils avaient des élémens qui constituent une armée, leur faisaient sentir l'utilité d'une continuité de pouvoirs qui mît les Commissaires des guerres dans le cas de concourir à l'application de la peine, si on avait agi contre les lois. Ils étaient militaires, et n'étaient point jaloux de voir près d'eux une autorité qui devait maintenir les droits du commandement, et les seconder dans leurs opérations militaires ; ou bien, comme législateurs , ils étaient convaincus de la nécessité pour le Gouvernement d'avoir près de l'armée un représentant chargé de notifier sa volonté, et qui fût intermédiaire entre le soldat et lui, ou les fournisseurs. Il fallait que les circonstances appelassent au Gouvernement des hommes absolument étrangers au militaire, ou qui n'eussent rien approfondi, pour ne considérer les Commissaires des guerres que comme des pourvoyeurs. Ces génies malfaisans supprimèrent les Cours martiales, pour les remplacer par un Tribunal pris hors l'armée, composé par conséquent de gens incapables d'apprécier et de juger les délits militaires. Ils furent bientôt remplacés par les Conseils de guerre, tels qu'ils sont aujourd'hui, et auxquels j'attribue deux inconvéniens; le premier, d'être isolés du fonctionnaire chargé du dépôt des lois; le deuxième, de donner des fonctions difficiles à remplir, et pour lesquels il faut une instruction particulière à des personnes qui par état doivent avoir d'autres talens et d'autres connaissances.

Rien de plus difficile en justice, que de constater un délit, de faire les premiers interrogatoires, de présenter dans un rapport, avec une rigoureuse impartialité, tous les degrés de probalité pour l'innocence, ou la culpabilité des prévenus; de préciser le crime; d'indiquer en quoi il blesse la loi, et quels sont les articles qui doivent régler le jugement. On a senti la difficulté, et on a cru la lever en traçant des formules qu'on supposait pouvoir être remplies par les esprits les moins exercés. Mais vaine erreur! Le plus essentiel varie suivant les circonstances et les hommes; et ne pouvant être indiqués à l'avance, les plus instruits ne sont souvent pas assez habiles. En effet, il serait peut-être impossible de trouver deux crimes dont les circonstances ont été les mêmes. Ainsi, quand ce qui accompagne les délits diffère toujours, comment les prévenir? On est donc réduit à dire vaguement qu'on constatera les délits.

L'interrogatoire peut bien être préparé pour les noms et d'autres objets généraux; mais jamais sur le fond de l'affaire; car que se propose-t-on par l'interrogatoire des prévenus et des témoins? N'est-ce pas d'obtenir des aveux et des réponses opposées entre elles? Or, si les questions étaient connues, les prévenus, préparant par avance leur dire, ne feraient point de ces réponses contradictoires, qui, non seulement éclairent les juges, mais forcent les coupables à avouer qu'ils sont criminels. Il s'en suit qu'un interrogatoire doit être composé de questions inattendues, faites avec adresse, et demande une grande habitude de la procédure criminelle et du cœur humain. Sans cela on n'obtiendra des aveux que quand les prévenus seront doués d'une franchise ou d'une bonhomie extrême , ou bien quand ils seront accablés par une masse de preuves trop évidentes pour permettre une dénégation.

On voit les plus fameux jurisconsultes , quelquefois embarrassés , pour porter un jugement sur une procédure bien conduite ; combien l'indécision ne doit-elle pas augmenter pour des juges militaires qui ont à prononcer sur une procédure incomplette et un exposé vicieux ! Cet inconvénient , lorsqu'il est contre le prévenu , est d'autant plus dangereux à l'armée , qu'il s'y trouve peu de défenseurs officieux capables de relever les erreurs. Quelque soin que l'on ait mis à éloigner toute complication dans la Justice militaire , on s'abuserait en supposant que l'opinion d'un juge est toujours bâsée sur un fait clair , simple et unique , parce qu'il est forcé de l'énoncer par un seul mot : *oui* ou *non.* Cette opinion est souvent le résultat d'observations et de raisonnemens très-compliqués , pour lesquels il a besoin d'une connaissance parfaite des lois. Sans cette instruction il ne connaît la question soumise que sous les deux points de vue qui lui ont été présentés par le rapporteur et le défenseur; et il ne peut trouver en lui-même des lumières suffisantes pour s'apper-cevoir que le rapporteur et le défenseur se trompent, et sont prêts à l'entraîner avec eux dans une route erronnée. Heureux s'il trouve dans ses collègues, les renseignemens qu'il désire; mais comme le métier des armes a pu les empêcher d'étudier à fond la législation, il est possible qu'ils lui témoignent le même embarras; et alors comment faire? Ils ont à juger sans désemparer.

C'est pour remédier aux inconvéniens qui devaient en résulter, que dès l'an iv on créa des Conseils de cassation, et que le 18 vendémiaire an vi, on a institué des Conseils de revision. Cette mesure est un palliatif, mais non un correctif parfait, parce que tous les jugemens ne leur sont pas soumis; qu'un interrogatoire peut être mal fait, sans pécher contre les formes; qu'une preuve du délit peut être omise, sans que rien indique cette omission; et qu'enfin ils ne peuvent connaître du fond de l'affaire. Malgré cela, que le Gouvernement, pour avoir un renseignement assez certain sur la manière dont se rend la Justice militaire, se fasse représenter combien de jugemens soumis aux conseils de revision ont été cassés, je me trompe fort, ou il y en aura la moitié. (a).

Cependant la révolution, en appelant au secours de la patrie tous les hommes en état de porter les armes, a fait entrer dans les rangs beaucoup de gens de loi qui, en dirigeant la Justice militaire, ont empêché de s'appercevoir de tous les vices de l'institution ; et on leur doit plusieurs procédures bien faites et des jugemens équitables. Par cela même que ces militaires avaient fréquenté le barreau, avant de courir sous les drapeaux. Ils sont pour la plupart agés; beaucoup ont quitté le service, ou vont bientôt avoir leur retraite ; on ne doit plus compter sur la circonstance extraordinaire qui a pro-

____

(a) J'en juge comme exerçant depuis sept ans les fonctions de Commissaire du Gouvernement près les Conseils de revision, et m'étant trouvé dans le cas de requérir l'annullation des deux tiers des jugemens en procédures sur lesquelles ont prononcé les Conseils de revision près desquels j'ai assisté.

curé à l'armée des citoyens, ayant des notions plus ou moins étendues de la jurisprudence ; et lorsqu'il n'y aura plus dans les régimens que des officiers instruits dans l'art de la
guerre, les chargera-t-on de l'une des parties
la plus difficile de l'exécution des lois, et pré-
cisément lorsqu'elles sont en contact avec la
vie, la liberté et l'honneur du soldat ?

Il faut enfin revenir aux principes, tout
nous y convie. La poursuite des délits, la
direction de l'application de la loi, sont deux
fonctions intégrantes de l'exécution des lois ,
et appartiennent à ceux à qui elle est confiée.

Je le répète, pour que les Questeurs puissent remplir toute l'étendue de leur commission ; il faut que le militaire voie en eux les
magistrats, qui lui feront subir les peines
prononcées par la loi, s'il ose l'enfreindre.

C'est par cette même raison que depuis
long-tems on a divisé les contraventions aux
ordonnances en délits et fautes de discipline ,
et qu'on a fait punir les dernières par l'officier
d'un grade supérieur à celui du coupable.
Croit-on que les officiers seraient obéis, si on
leur ôtait le droit de punir, et de contraindre
à l'obéissance, en se contentant d'énoncer

qu'ils ont le pouvoir de commander ? Il faudrait qu'une armée fût composée de sages, pour
que chaque soldat se pénétrât de l'obligation
d'obéir , par la simple considération que
c'est pour le bien de tous, qui se compose de
tous les intérêts individuels. Si les fautes de
discipline ne pouvaient être prononcées que
par un tribunal, le peu d'importance du délit, le défaut d'une double preuve, les len-
teurs, la multiplicité de semblables affaires, le
nombre des juges, tout cela rendrait l'effet de
la discipline nul. Il faut, pour le maintien de
l'autorité, que le supérieur puisse prononcer
à l'instant, et d'après sa seule conviction. Mais
ce pouvoir despotique, qui dérive de la nature
même du militaire , doit avoir des bornes
étroites ; aussi l'a-t-on restreint aux fautes
de simple discipline, pour lesquelles la peine
la plus forte est de quinze jours de prison.
Dès que l'insubordination a un caractère prononcé, ou que le délit est d'une autre nature,
les prévenus sont justiciables du tribunal militaire.

Pour les fautes de discipline, j'engage à
suivre les réglemens existans, en faisant com-
muniquer les plaintes aux auditeurs, et leur

donnant entrée dans les conseils de discipline, ainsi que le prescrivaient les articles 32, 33 et 34 du *Réglement sur la Police et Discipline de l'Infanterie*, du 24 juin 1792, afin qu'ils reconnaissent si les fautes sont punies conformément à la loi.

Quant aux tribunaux militaires, je demande qu'ainsi que l'établissait la loi sur les cours martiales, les délits soient poursuivis par les commissaires des guerres auditeurs, et que les juges, pris dans les corps, soient présidés par les commissaires-ordonnateurs.

Par-là, je consacre aussi le principe qui veut qu'on soit jugé par ses pairs, puisque les juges seront choisis suivant la classe du prévenu ; par-là, je suis conséquent avec la remise du dépôt des lois à la Questure ; et les deux opérations judiciaires qui exigent des connaissances de législation, seront confiées à deux fonctionnaires adonnés à l'étude des lois.

Pour plus de sévérité dans les principes, je forme dans la Questure une section désignée sous le nom *d'auditeurs chargés de la poursuite des délits*, parce qu'ayant également à poursuivre les crimes commis dans l'administration, je veux qu'ils soient isolés de toute action administrative. Ces auditeurs n'ayant à s'occuper que de jurisprudence, ils y consacreront tous leurs instans, et c'est alors qu'on aura des procédures bien conduites.

Quant aux jugemens, les ordonnateurs, imbus des formes consacrées en justice, les feront observer par les conseils ; ils pourront éclairer les juges, qui réclameront des renseignemens sur la législation. Les interrogatoires et les débats terminés, ils feront le résumé de l'affaire avec cette clarté que donne l'habitude ; et après avoir recueilli les voix, ils prononceront le jugement, qui est l'application de la loi.

On maintiendrait les conseils de révision, en y plaçant les inspecteurs, car ces conseils vérifient si on a observé la loi, et cette fonction est du ressort de l'inspection.

Je réclame cette organisation pour les tribunaux militaires, parce que la justice tient essentiellement à l'exécution des lois, et que tout tend à faire présumer qu'il en résultera une amélioration. Si j'ai mis en avant des principes faux, si je n'ai pas été conséquent dans mes raisonnemens, qu'on redresse mes

erreurs ; mais si j'ai raisonné juste, qu'on ne
néglige pas des observations sur une partie
qui intéresse essentiellement la sûreté indivi-
duelle de tout militaire.

DU RANG

QU'IL CONVIENT D'ASSIGNER

AUX QUESTEURS.

Les distinctions sociales se créant pour l'avantage de la société, elles doivent se proportionner aux causes ou raisons qui les font accorder. Je ne pense pas qu'on puisse en instituer, pour satisfaire uniquement l'orgueil et l'amour-propre. L'énoncé de cette opinion indiquera assez que pour rechercher celles à donner aux Questeurs, je n'irai point au-delà de la considération et des pouvoirs dont ils ont besoin pour remplir les fonctions et soutenir la dignité de la place qu'on leur aura confiée.

Comme représentant le Gouvernement (et plus immédiatement le Ministre ayant le département de la guerre), quand il s'agirait d'embrasser tout le militaire français, je les classerais à l'article *Ministère de la guerre.*

Cette opinion était celle reçue avant la révolution, et se trouve consacrée dans les anciens états militaires.

A l'armée, les considérera-t-on comme officiers civils employés près l'armée, ou comme officiers militaires? Avant la révolution, cela n'eût point fait le sujet d'une question; maintenant c'en est une qu'il convient de résoudre, afin de fixer les idées. Une armée est un tout composé de divers élémens; il y a différentes armes, différens grades, on est plus exposé et plus souvent dans un poste que dans un autre. Cependant on ne dit pas qu'une arme, ou qu'un grade soit plus militaire que l'autre. Si cette distinction n'existe pas, pourquoi refuserait-on le titre de militaire au corps des Questeurs? Pour être moins exposés? pourtant ils le sont. Ils font partie de l'armée, ils en suivent tous les mouvemens, et courent dès-lors une partie des chances et des hasards de la guerre. Dans les batailles, ils doivent être à portée de veiller à ce qu'on secoure les blessés. Quelque épidémiques que soient les maladies qui règnent dans les hôpitaux, ils y sont journellement. Dans les places assiégées, les bombes ne distinguent personne; dans les marches,

(72)

ils n'ont pas de sauf-conduits, et il est telle
guerre, comme celle de la Vendée, celle de
l'Egypte, dans lesquelles les fatigues, les pri-
vations et les dangers sont communs. Si le mot
de *militaire* ne s'employait que pour présenter à l'idée un soldat qui se bat, qui s'élance
sur la brèche, ou se précipite au plus fort de
la mêlée, je n'aurais gardé de le proposer ;
mais sa signification est moins forte et beaucoup plus étendue, puisque d'après le sens
que lui donne l'académie, ce mot s'applique
à tout ce qui concerne la guerre. D'anciennes
ordonnances fixaient aux commissaires des
guerres leur place de bataille à côté du général. En les rappelant, on lèverait toute indécision ; mais sans cela, d'après les raisons
que je viens de déduire, je ne pense pas qu'il
puisse y avoir d'objections assez solides pour
empêcher de considérer la Questure comme
un corps militaire composé d'officiers sans
troupe.

Comme officiers, on a toujours pensé
qu'on devait les assimiler à un des grades de
l'armée. Loin de l'approuver, je soutiens que
cela est incompatible avec leurs fonctions.
Il sont à l'armée, préposés pour faire observer

les lois par tout ce qui la compose. Le plus souvent, leur mission est agréable, mais ils peuvent être dans le cas de s'opposer à ce qu'on enfreigne les lois, à ce qu'on froisse les intérêts de l'Etat; et cette position rend toute assimilation impraticable. Les Questeurs représentent le Gouvernement près l'armée; c'est une fonction et non un grade. Mais je conçois que dans l'intérieur du corps, il serait utile d'établir des grades entre les Questeurs, en les marquant par des distinctions qui leur soient particulières, afin d'éviter même la comparaison (a).

Ce qui s'oppose encore à ce qu'il n'y ait point d'assimilation, c'est le rang qu'il doivent occuper. Comme il dépend des fonctions que les Questeurs remplissent, et qu'elles ne

______

(a) En assimilant le grade d'un commissaire des guerres à celui d'un capitaine, on pourrait le mettre dans le cas d'être puni par un chef d'escadron; cependant il n'a pas ce droit, et la loi a déclaré leur indépendance. D'un autre côté, on a donné des distinctions de colonels aux officiers de santé et aux économes d'hôpitaux, qui sont bien positivement sous les ordres des commissaires. Quelles inconséquences!

sont pas toujours les mêmes, cela donne lieu à des variations que je traiterai successivement.

Dans les cérémonies militaires, dans les marches, et en général dans toutes les situations ordinaires, ils doivent avoir le second rang, quelque soit le grade du commandant et de ceux qui commandent sous lui (a). Ils sont chefs de deux parties distinctes ; l'un commande la force armée, et l'autre ordonne à tout ce qui concourt à l'exécution des lois. Ils sont à la première place sur deux lignes, et la suprématie appartient de droit au commandant, parce qu'à l'armée, le premier dessein est la défense du pays ; et l'exécution des lois n'y est que secondaire, malgré son importance.

(a) Si les commissaires se trouvent dans une place commandée par un capitaine, un lieutenant même, ils marchent après lui ; au lieu que si un général commande, ils ont le pas non-seulement sur le capitaine, mais encore sur tous les grades intermédiaires, sans qu'ils puissent arguer de là qu'ils ont un grade supérieur à celui de ces officiers, mais parce qu'ils ont le second rang d'une manière indéterminée, par rapport aux grades.

Lorsqu'on prête serment entre leurs mains, lorsqu'ils publient les lois, lorsqu'ils passent les revues, lorsqu'ils président des conseils de guerre, ils doivent avoir le premier rang, parce que dans ces cas, c'est près du représentant du souverain qu'on vient comparaître. Il ne s'agit là que d'exécution des lois, et c'est d'après leurs ordres ou demandes que tout s'y dirige.

Quand ils assistent à un conseil d'administration, pour voir si on y agit selon la loi, ils n'intervertissent point l'ordre de la présidence, et le président doit seulement leur donner la place d'honneur, c'est-à-dire, les placer à sa droite. Mais s'ils assemblent un conseil d'administration pour vérifier sa gestion, alors ils le président, et dirigent le sujet de la délibération.

La différence que j'indique dans la présidence, est fondée sur ce que, 1°. dans les séances ordinaires, le conseil doit être libre d'administrer selon ses vues et instructions, mais aussi être responsable, et que l'on ne pourrait faire présider le Questeur, qu'en diminuant la responsabilité du conseil. Voilà pourquoi il convient de ne donner au Ques-

teur que le droit de représentation. 2º. Quand
le conseil est convoqué pour présenter sa gestion à la vérification, il comparaît devant le
Questeur, et celui-ci préside, afin de régler
l'ordre de la délibération, que tout autre président pourrait diriger de manière à éluder le
véritable objet de l'assemblée.

Dans les conseils d'administration, ils ont
voix consultative, délibérative et jamais décisive. Ils ont voix délibérative et consultative afin d'éclairer les conseils, ils n'ont pas
voix décisive, parce qu'alors ils ne seraient
que membres des conseils, et non plus près
d'eux les représentans du Gouvernement.

Dans une ville assiégée, ou à l'armée, si
le commandant rassemble un conseil de
guerre, le Questeur y doit occuper le second
rang. Il est là pour veiller à ce qu'on se con-
forme à la loi dans la délibération et pour
donner tous les renseignemens nécessaires sur
les moyens administratifs. Je pense qu'il ne
doit pas y avoir voix décisive ; non plus que
dans les autres conseils. S'il en était autrement
ils serait membre du conseil, et le Gouvernement qui doit toujours avoir la faculté de
poursuivre le conseil, se trouverait agir con-

tre lui-même, si son représentant en faisait partie.

Le souverain faisant une loi pour qu'elle soit suivie, doit rendre celui qu'il charge de la faire exécuter indépendant de celui qui doit y obéir. Sans cette disposision, rien de plus incertain que l'accomplissement de sa volonté, car on conçoit aisément comment le militaire pourrait au moyen de son autorité, non seulement éluder la loi, mais même se servir du Questeur pour le faire impunément. J'avoue que mon jugement ne me présente à cet égard que deux propositions : ou le Gouvernement ne tient pas à ce que ses ordres soient ponctuellement remplis, ou s'il y tient, le corps à qui il en confie la surveillance doit être indépendant.

Ce n'est point déroger à ce principe que d'annuler cette indépendance pour les commandans en chef des armées, lorsque Sa Majesté l'Empereur leur aura donné le droit de suspendre les ordonnances ou d'en faire de provisoires : car alors ils remplacent le Gouvernement et une armée doit être dirigée par un seul chef. Mais aussi qu'on se représente les officiers généraux d'une armée se croyant la même autorité que le général en chef, voulant modifier, suspendre ou changer les lois; on aura l'idée d'une incohérence parfaite, d'un chaos inextricable, et cependant je ne serais point étonné d'entendre dire qu'on a vu cet ordre de choses. Pour que le général en chef gouverne réellement une armée, il faut que personne ne puisse rien changer aux dispositions faites ou approuvées par lui, et le meilleur moyen d'y accoutumer ceux qu'il commande, c'est d'être le premier à donner l'exemple du respect à la loi en s'y soumettant, et en la changeant le moins possible. Aussi bien est-ce au nom de la loi, qu'il commande, et qu'on lui obéit. Je crois même, qu'on me permette cette comparaison, que l'exécution des lois est au commandement militaire, ce que la religion est au trône.

ORGANISATION

DE

LA QUESTURE IMPÉRIALE.

Plus je me suis pénétré de l'importance des fonctions de Questeur, plus je sens que pour les remplir dignement, il faut de vertus, de talens et de savoir. D'abord l'intégrité et l'esprit de justice sont des vertus indispensables au Questeur, comme la bravoure à un capitaine. C'est le *sine quá non*. Il faut ensuite des connaissances multipliées et si étendues qu'il serait rare de trouver quelqu'un qui les eût toutes ; mais cet inconvénient peut être aisément corrigé par la répartition que les chefs font des détails entre leurs subordonnés. Si les Questeurs sont étrangers à la justice militaire, s'il est inutile qu'ils puissent apprécier par eux-mêmes, et si on consent qu'ils s'en rapportent aveuglement à des experts, aux officiers et aux employés d'administration, si on veut enfin en faire de simples machines, on aura raison d'être peu attentif dans le choix; mais aussi quels services en attendre? Dans l'armée de l'artillerie et celle du génie, on exige des officiers qu'ils aient assez d'instruction pour diriger et juger eux-mêmes des ouvrages ; je vois beaucoup de raisons d'être aussi exigeant envers les Questeurs.

A l'instruction premiére qu'on acquiert dans les lycées, celui qui se destine à la carrière administrative, doit joindre des idées générales du militaire. Un général qui n'aurait aucunes notions de l'administration, serait souvent obligé de rectifier ses plans, et un Questeur qui ignorerait les premiers principes des mouvemens des armées, ne pourrait servir avec succès en campagne. Le militaire actif et le militaire administratif se touchent de trop près, pour qu'on dirige l'un avec avantage, si l'autre est absolument inconnu.

J'exigerais qu'on suivît plusieurs cours de droit, afin de se familiariser avec la législation générale. Mais pour completter les connaissances préliminaires, sans lesquelles on ne peut espérer de remplir dignement dans la Questure les obligations qu'on y contracte envers le souverain, je propose de créer à l'E-cole Militaire ou à Paris une *chaire d'admi-nistration militaire.*

On y professerait l'étude des lois et régle-mens militaires, et on familiariserait les as-pirans avec la composition générale, d'une armée, la composition particulière des corps, leur administration intérieure et la compta-bilité personnelle.

On leur ferait connaître les différentes es-pèces de grains, et on les mettrait à même d'apprécier leurs qualités et de distinguer s'ils sont sains, malades ou avariés. On les ferait entrer dans tous les détails de la mouture, de la manutention et de la comptabilité. On leur donnerait également des instructions pour juger de la qualité du bétail, des liquides et de tout ce qui peut faire partie de la nour-riture du soldat.

On leur apprendrait à distinguer les races, la robe, l'âge, les qualités et les vices des chevaux ; quelles sont leurs principales ma-ladies et les remèdes les plus usuels; l'espèce et la qualité des fourrages. Comment on se les procure , comment on les conserve, comment on les manipule et comment la comptabilité s'en établit.

On s'étendrait d'autant plus avec eux sur l'administration des hôpitaux, que ce service est le plus compliqué et qu'il embrasse tous les autres. En effet on y trouve la comptabilité personnelle, celle en deniers, celle en denrées, celle en effets; de plus, celle en médicamens; et ces comptabilités sont d'autant plus difficiles à tenir, qu'elles doivent se rapporter entr'elles, qu'elles contiennent une quantité considérable d'objets, et qu'une journée de présence n'emporte pas une consommation fixe , mais que celle-ci varie, pour les denrées et les médicamens suivant les prescriptions des officiers de santé , restreintes elles-même par les réglemens. Il y a la direction d'un personnel excessivement difficile à conduire parce qu'elle est séparée quoique dans un contact continuel. Ce service a aussi des équipages , des bâtimens à construire, disposer et entretenir. Il y a beaucoup de mouvemens; il faut quelquefois avec de faibles moyens, créer tout à coup de grands établissemens comme par enchantement.

On mettrait les aspirans à même de raisonner et de juger de tout ce qui tient à l'habillement, à l'équipement et aux effets militaires. On les familiariserait avec tous les at-
tirails et les munitions de guerre, les fortifications et les bâtimens militaires; on n'omet-
trait rien de ce qui tient à la position particulière du soldat. La trésorerie militaire, les
levées de contributions, le perfectionnement
de chaque partie seraient aussi le sujet des
leçons dans lesquelles le professeur ne devrait
rien oublier de ce qui peut concourir à faire
exécuter les loix et conserver les intérêts de
l'Etat.

Il faudrait parler ou écrire correctement sa
langue, posséder une des langues vivantes
étrangère, savoir l'arithmétique et les premiers élémens de géométrie, et c'est seulement avec toutes ces connaissances préliminaires que les aspirans pourraient se présenter
à l'examen pour être éleves. (a)

(a) Les personnes qui trouveront que je suis
trop exigeant, peuvent consulter un arrêté pris par
Sa Majesté l'Empereur, le 26 Germinal an 13, rela-
tif aux élèves de l'administration de marine.

Autrefois on prétendait qu'il fallait vingt ans pour former un commissaire des guerres; c'était avouer que pendant les dix-neuf premières années il n'était qu'un apprenti, quoique dès le commencement sa signature eût la même autorité. Par le cours que je demande, on abrégera beaucoup le tems du noviciat, et les premiers grades d'élèves et de sous-commissaires mettront à même de tirer toute l'utilité désirable des sujets sans compromettre l'existence du soldat et la fortune publique.

Les élèves seraient d'abord attachés aux commissaires des guerres chargés des plus importantes fonctions et jouissant d'une grande réputation de savoir. Ils passeraient ensuite successivement auprès des commissaires aux revues, des auditeurs et des ordonnateurs ; en les voyant travailler, en travaillant avec eux, ils prendraient des notions plus exactes de l'administration et s'exerceraient à faire l'application des connaissances élémentaires qu'ils auraient acquises ; plus d'une circonstance donnerait lieu à des discussions qui feraient appercevoir aux élèves les inconvéniens et les dangers d'une disposition, qu'une jeunesse trop présomptueuse adopte-

rait comme bonne, parce que son inexpé-
rience ne lui laisserait point voir le mauvais
côté.

De ce noviciat pendant lequel les élèves
n'auraient point eu la signature, on passerait
après un examen (*a*) au grade de sous-com-
missaire des guerres, auquel serait attaché le
droit de signer ; mais ces sous-commissaires
n'exerceraient pas encore sans être dirigés ; on
les placerait auprès de commissaires chargés de
grandes fonctions, qui leur assigneraient un
arrondissement ou quelques détails, qu'ils
administreraient sous leurs ordres, sans pouvoir prendre d'eux-mêmes des dispositions,
ni arrêter de comptabilité sans les soumettre
au visa de leurs chefs.

Cette gradation serait une disposition vraiment conservatrice des intérêts du Gouvernement. D'ailleurs, en établissant un certain
nombre d'échelons, on excite l'émulation par
l'espoir de l'avancement ; et c'est sur-tout
sous ce rapport que j'envisage le besoin de
diviser les commissaires aux revues et des

(*a*) Le ministre pourrait délivrer des lettres d'ad-
mission à cet examen, aux secrétaires de Messieurs
les Maréchaux d'Empire ; et à ceux des Questeurs
ayant au moins trois mois d'exercice.

guerres en plusieurs classes. Cette division donne au ministre de la guerre et aux chefs la facilité pour répartir les commissaires suivant l'importance des places ; mais la première raison est la plus forte. Dans la ligne, le commandement peut se diviser aisément et former beaucoup de grades. La Questure ne peut se prêter à la même division, et oblige à faire des classes. Au commencement de la révolution, il y avait cinq classes de commissaires des guerres. Depuis l'organisation de 1793, il n'y en a plus que deux. Les sous-inspecteurs aux revues en ont trois par leur organisation actuelle, que je propose de conserver pour les commissaires aux revues. Les commissaires des guerres en auraient cinq, dont les trois premières correspondraient à celles des commissaires aux revues. Le traitement serait le même, et on pourrait de la quatrième classe de commissaires, passer indistinctement à la troisième de commissaires aux revues ou de commissaires des guerres Les auditeurs auraient un rang intermédiaire entre les commissaires et les ordonnateurs ; quoiqu'on pourrait être nommé ordonnateur, sans qu'il fût indispensable pour cela d'avoir exercé comme auditeur ; car il faut pour remplir cette place des talens particuliers , et on peut être un excellent ordonnateur , sans avoir les qualités qu'on doit rechercher dans un auditeur. Aussi les places d'ordonnateur et d'auditeur doivent-elles être toutes à la nomination du Gouvernement, et il suffirait de laisser à l'ancienneté la moitié des places vacantes dans les classes , en établissant un mode particulier pour passer de la quatrième classe à l'une des troisièmes , dans les deux sections de commissaires aux revues et de commissaires des guerres.

Quant aux inspecteurs , le souverain les choisirait parmi les ordonnateurs, les auditeurs , et dans les premières classes de commissaires. L'inspection demande un caractère et des talens particuliers. Quelqu'un , après avoir exercé comme ordonnatenr , peut s'appercevoir qu'il servirait plus utilement dans l'inspection, et demander â y passer. J'ai connu des commissaires instruits parfaitement des lois et des détails administratifs , dont la conduite était régulière et pleine de dignité, et qui eussent fait de très-bons inspecteurs , tandis qu'ils étaient malgré leur instruction, de fort mauvais administrateurs. Les uns disant ce qu'il fallait faire, et ne le faisant pas. Les autres ayant la conception trop lente, pour prendre à propos une détermination, ou n'ayant pas assez d'imagination pour créer des ressources, ou l'esprit pas assez vaste pour embrasser un plan.

Les inspecteurs en chef et les inspecteurs aux revues actuels, étant en nombre égal avec celui des membres de la censure que je propose, la nouvelle organisation pour cette partie se ferait sans mouvemens dans le personnel. Il suffirait d'en faire réellement des *inspecteurs*, et d'étendre leur inspection sur toutes les branches de l'administration. On verrait avec d'autant plus de plaisir leurs fonctions s'accroître, qu'on regrette de voir des hommes distingués par leur mérite et leurs vertus, n'être chargés que de rassembler le travail des sous-inspecteurs, et de clore tous les ans la comptabilité des corps.

Les ordonnateurs sont portés à quarante au lieu de trente-six, comme on doit les compter à présent. Ce nombre me paraît nécessité par la force de l'armée française, l'étendue de l'empire, l'augmentation dans leurs fonctions, comme présidens des conseils de guerre et parce que je crois que le

Gouvernement sentira un jour qu'il doit en placer à la tête des divisions administratives de la guerre, la connaissance particulière des armées et de leurs mouvemens étant indispensable pour les bien diriger. Les sujets promus au grade d'ordonnateur, pour former le complément, seraient pris par moitié chez les sous-inspecteurs aux revues et chez les commissaires des guerres.

Les auditeurs se choisiraient parmi les sous-inspecteurs aux revues, les commissaires des guerres et les officiers qui, comme présidens des conseils de guerre, ou rapporteurs, ont montré des talens pour cet emploi. Leur nombre est égal à celui des ordonnateurs, car il faut qu'il y en ait autant qu'il peut y avoir de Cours martiales. J'ai placé les auditeurs avant les commissaires, et je propose de leur donner un traitement plus considérable, parce qu'ayant le droit de traduire par-devant les tribunaux, et par conséquent de soumettre à un jugement (ce qui établit un doute sur l'honneur et la vie), de tels fonctionnaires doivent être dédommagés d'avoir à remplir un ministère aussi rigoureux.

Je ne propose que que quatre-vingt places de commissaires aux revues, tandis qu'il y a cent sous-inspecteurs. Ce qui permettrait d'en diminuer le nombre, serait la facilité que je suppose qu'on accorderait aux commissaires des guerres de passer des revues d'effectif. Au surplus, pour toutes les sections, le nombre doit varier suivant la force de l'armée et les projets du Gouvernement. Les avantages de mon organisation consistent dans les divisions des diverses sections, dans leurs attributions, et non pas dans le nombre des membres de chacune, qui doivent seulement être dans une certaine proportion. Qu'on fasse également attention que les sous-inspecteurs auront concouru pour quatre places d'ordonnateurs et quarante d'auditeurs, et qu'ils continueront à concourir pour ces places, comme pour celles d'inspecteurs, tandis qu'ils n'ont actuellement que ces dernières pour perspective, ce qui leur rend mon organisation très-avantageuse.

Mon projet présente *cent soixante* places de commissaires des guerres, *quarante* de sous-commissaires des guerres, et *trente-six* d'élèves commissaires, en tout *deux cent trente-six*, lorsqu'il y a en ce moment *deux cent quatre* commissaires des guerres et *cinquante* adjoints ; total, *deux cent cin-*

quante-quatre. La différence sur la totalité est de dix-huit en moins, et il n'y a que cent soixante places de commissaires des guerres, et quarante n'ayant que le titre de *sous*-commissaires des guerres. Ainsi, sous ce rapport, ils seraient traités favorablement ; mais les commissaires des guerres actuels auront concouru pour les places d'augmentation dans les ordonnateurs, et de création pour les auditeurs. Ils participeraient aux avantages que tout le corps retirerait de mon projet, et j'avoue que tant qu'on voudra faire des organisations de circonstance, il sera difficile de faire coïncider les intérêts particuliers avec ceux de l'Etat.

Les fonctionnaires actuels n'auront point à se plaindre de mes vues sur la solde ; la plupart des traitemens que je propose seraient les mêmes, et les autres plus élevés. Si j'osais donner à mes idées toute leur extention, je les augmenterais tous, en considérant qu'on confie aux Questeurs les intérêts de l'Etat, et que leur place exige de la dignité. Mais pour me conformer autant que possible à l'opinion du jour et au système général sur les soldes, je propose le tarif suivant, qui s'accroîtrait du quart aux armées, parce que tout rassemblement élève le prix des denrées, parce que les déplacemens occasionnent un surcroît de dépense, et qu'il est des circonstances , telles que celles d'un siége , où l'on achète les subsistances au poids de l'or, tandis que dans une résidence on ne se trouve point dans ces positions extraordinaires.

DÉNOMINATION des SECTIONS.	Classes.	Nombre.	Traitement par année.	Nombre des rations de vivres	RATIONS DE FOURRAGE par jour et par grade		Nombre de Rations de Chauffage.
					en campagne.	sur pied de paix.	
CENSURE.							
Inspecteur en chef		6	15000	8	8	8	10 1/2.
Inspecteur.		3o	10000	6	6	4	8 1/2.
COMMISSARIAT.							
Ordonnateurs.		40	10000	6	6	4	8 1/2.
Auditeurs.		40	9000	5	4	3	6 1/4.
Aux revues, 80	1re.	20	8000	4	4	5	6 1/4.
	2e.	3o	7000	4	4	3	6 1/4.
	3e.	3o	6000	4	4	3	6 1/4.
Des guerres, 160	1re.	20	8000	4	4	3	6 1/4.
	2e.	3o	7000	4	4	3	6 1/4.
	3e.	5o	6000	4	4	3	6 1/4.
	4e.	40	5000	3	4	2	4 1/6.
	5e.	40	4000	3	4	2	4 1/6.
Sous-commissaires.		40	3000	2	3	1	4 1/6.
Elèves		36	1800	2	2	1	
		432					

COMMISSAIRES

Après avoir donné aux Questeurs un traitement qui leur permette de se livrer aux devoirs de leurs places, sans être détournés par la nécessité de s'occuper d'affaires particulières, il convient de parler de la décoration extérieure.

Si le système général de l'empire consacre la simplicité dans la décoration des fonctionnaires publics, on doit sur ce principe régler celle des Questeurs. Mais si la richesse de la France et la prospérité de son commerce ont fait adopter le luxe, je crois qu'on aurait tort d'assigner un uniforme mesquin à des hommes chargés de fonctions aussi importantes que celles de la Questure impériale, sur-tout lorsque par état, pouvant exercer dans un pays où ils ne sont point connus, ils ont besoin pour l'utilité du service, d'être obéis, et d'en imposer par un extérieur qui annonce de grands pouvoirs.

Le dernier uniforme de l'ancien régime était très-riche, celui de 1791 élégant. On pourrait adopter le dernier, dont la couleur très-tranchante, ferait aisément distinguer tout ce qui appartient à la Questure. Mais comme il paraît qu'on tient au bleu de ciel, voici comme je propose de le régler :

Le grand uniforme serait un habit à la française, d'un drap bleu de ciel doublé du même drap, collet montant, paremens en bottes.

Les devans de l'habit, le collet, les paremens et les poches seraient brodés d'après le dessin actuel.

Les membres de la Censure auraient la broderie en or et les boutons jaunes.

Les membres du Commissariat auraient la broderie en argent et les boutons blancs.

Les Inspecteurs en chef auraient double broderie au collet, aux paremens et aux poches.

Les Ordonnateurs, double broderie au collet et aux paremens.

Les Auditeurs auraient le collet et les paremens de drap ponceau.

Les Commissaires aux revues, le collet et les paremens de drap écarlate.

Les Commissaires des guerres, le collet et les paremens de drap orange.

Les sous-commissaires des guerres porteraient les paremens et le collet de drap orange, et n'auraient de broderie qu'au collet, aux paremens et aux poches.

Les élèves, même habit, et n'auraient de broderie qu'au collet.

La veste et la culotte de drap blanc, brodées pour les Inspecteurs et les Ordonnateurs; simples pour les autres Commissaires.

Pour le petit uniforme, le collet serait rabattu et les pans de l'habit retroussés.

On conserverait pour le collet et les paremens, les mêmes couleurs et les mêmes broderies que sur le grand uniforme; mais les devans de l'habit, les poches et le bord des basques ne seraient point brodés.

La poignée de l'épée serait d'un métal jaune pour les inspecteurs, blanc pour les commissaires ainsi que les garnitures. En campagne on pourra porter un sabre monté de même. La poignée serait garnie d'une dragonne en or pour tous les Questeurs dont le gland serait orné suivant les grades. Les inspecteurs et les ordonnateurs auraient des dragonnes garnies en cannetille et bouffettes avec des rosettes.

Les auditeurs les auraient garnies en cannetille et bouffettes.

Les commissaires aux revues et des guerres en bouffettes et cannetille avec une raie de soie rouge au milieu du galon.

Les sous-commissaires auraient le gland de la dragone garni de filets.

Les élèves l'auraient de même avec deux raies de soie rouge au galon.

Le chapeau serait orné d'une plume, rouge pour les censeurs, blanche pour les ordonnateurs ; les autres commissaires les porteraient blanches avec une nuance au sommet qui varierait suivant les grades ; elle serait pour les auditeurs, ponceau ; pour les commissaires aux revues, rouge ; pour les commissairesdes guerres, orange ; pour les sous-commissaires, bleue; et pour les élèves, verte.

Dans les grandes cérémonies, les inspecteurs porteraient une écharpe en soie rouge, ornée comme la dragonne. Les ordonnateurs en porteraient une blanche ; les auditeurs, ponceau ; les commissaires aux revues, violette ; et les commissaires des guerres, aurore.

Lorsque par armée on désignerait un ordonnateur en chef, comme ce n'est qu'une commission temporaire, je crois que sans changer son uniforme d'ordonnateur, il faudrait simplement ajouter une distinction extraordinaire comme celle d'un chapeau dont le tour serait brodé en argent. Mon opinion est qu'on doit établir un uniforme pour le corps, puis faire de légères différences pour marquer les grades. Au lieu que dans ces derniers tems, on paraissait déterminer des uniformes pour les ordonnateurs et en affecter des dérivés aux commissaires des guerres.

Les rangs et les décorations sont affectés à la place et non à l'individu, qui n'en est que le porteur. Les vêtemens les plus magnifiques peuvent bien tromper un moment ; mais bientôt on s'accoutume à leur éclat, et l'homme paraît tel qu'il est. Je ne connais pas de vanité plus mal fondée que celle qui se tire d'un riche uniforme, et si je n'avais consulté que mes goûts, j'en aurais proposé un très-simple pour les Questeurs ; mais il faut bien que le leur soit en accord avec ceux des autres fonctionnaires, et dans ce cas l'intérêt de l'Etat le commande.

RÉSUMÉ.

Il est aisé de remarquer que cet ouvrage n'a vraiment que deux idées saillantes, qui ne m'appartiennent point, et que je dois au grand homme qui nous gouverne. La première, c'est qu'il faut s'occuper principalement de l'exécution des lois, la seconde c'est que les opérations des administrateurs doivent être controlées. Je n'ai fait que les appliquer à l'administration militaire, d'après les connaissances de détail, acquises par l'expérience et la méditation.

Mon organisation conserverait tous les avantages de l'institution des inspecteurs aux revues. On y trouvera de plus, un contrôle général, de l'unité, parce que je fais rentrer les commissaires aux revues sous les ordres des ordonnateurs, plus de facilité d'exécution, parce que les commissaires s'aideraient dans leurs fonctions, et qu'en autorisant les commissaires des guerres à passer des revues d'effectif, par cela seul on empêchera beaucoup d'abus.

Tout grand administrateur verra dans la *censure*, un moyen infaillible d'obtenir que la comptabilité soit à jour, et comme je le développerai dans un autre ouvrage, c'est par là qu'on coupera l'arbre de la fraude jusque dans ses racines, parce qu'il faut du tems pour combiner une fausse comptabilité.

Dira-t-on que quelquefois un Gouvernement peut vouloir tolérer les abus ? D'abord je me plais à croire que jamais un semblable sistême ne sera admis dans l'empire français. Notre patrie est heureusement appelée à être régie par des hommes trop instruits pour ne pas apprécier tout le prix d'une sage administration, qui la mette dans le cas de faire des largesses et de récompenser les bons et loyaux services. Mais si on préférait pour récompenser ces services de fermer les yeux sur les dilapidations ; qui ne s'appercevrait que, par ce moyen, on ne pourrait calculer les bénéfices qu'on laisserait faire ; que les mauvais serviteurs participeraient aux avantages déterminés pour les bons, et que si telle circonstance forçait à une sévère économie, il serait trop difficile de faire cesser un désordre qui serait devenu une habitude ? Le meilleur sistême sera donc toujours celui de l'ordre. Sauf au souverain, qui se trouve dans une heureuse position, à répandre ses bienfaits de manière à en faire mériter de nouveaux.

Ce n'est point sur quelques siècles d'exercice, ni sur d'anciens privilèges, que je fonde la nécessité d'avoir une Questure impériale ; mais sur son utilité. Puisque les Questeurs sont les Commissaires de l'Empereur, moins on leur donnera de pouvoir, moins ils auront de moyens de le servir. Ainsi, quand on croit aller au-devant de ce que veut le Gouvernement, en lui proposant de diminuer les attributions du corps des commissaires, on ne fait pas attention qu'on l'engage à prendre une mesure contre lui-même (a). Messieurs les

------

(a) Les recherches que j'ai faites au Dépôt de la guerre et à la Bibliothèque impériale, m'ont prouvé que Louis XIV, qui savait régner, est le monarque qui a le mieux connu les fonctions des Commissaires des guerres, et l'utilité que le Gouvernement pouvait en retirer. Aussi a-t-il, par ses ordonnances, consolidé ou étendu leurs pouvoirs.

généraux doivent également désirer avoir près d'eux des commissaires ayant assez d'autorité pour faire exécuter les lois, et pourvoir aux besoins des soldats qu'ils commandent.

J'ai cherché à être conséquent, et à déduire les fonctions qu'ont à remplir les Questeurs, de la raison qui détermine leur création. Cette raison doit être toute puissante près d'un Gouvernement sage, qui ne peut souffrir plus long-tems qu'il n'y ait pas à l'armée une autorité bien reconnue comme chargée du dépôt des lois. En vain voudrait-on me dire que ce vide dont je me plains, n'existe point, parce que la loi du 28 nivôse an 3, en faisant l'énumération des détails dont les commissaires des guerres sont chargés, indique l'exécution des lois. D'abord je mettrai en avant les faits qui prouvent le contraire ; mais je me servirai de cette loi même pour détruire cette assertion, et pour démontrer que jusqu'à présent on ne s'est pas fait une idée exacte de l'administration militaire. En effet, c'est au milieu de l'énumération des détails du commissariat, qu'on cite comme l'un d'eux seulement l'exécution des lois. Il paraîtrait donc, d'après les rédacteurs, qu'on peut ôter ce détail aux commissaires des guerres, sans qu'ils en aient moins tous les autres, tandis que c'est de l'exécution seule des lois que dérivent leurs fonctions; car du moment où on abolirait la loi qui accorde des rations de vivres, les commissaires des guerres n'auraient plus à s'occuper de subsistances, et il en serait de même de toutes les lois, aussi peut on avancer que tout changement dans la législation militaire, en apporte dans les fonctions des commissaires des guerres. Les expressions de la loi du 28 nivôse désignent les commissaires des guerres comme pouvant être chargés de l'exécution de certaines lois, mais elle ne les annonce point pour des magistrats leurs uniques dépositaires: ce qui forme un sens incomplet, d'autant plus dangereux, qu'il induit en erreur non seulement les militaires, mais les commissaires des guerres eux-mêmes sur les devoirs que ceux-ci ont à remplir.

Ainsi nul doute, que l'autorité dont je propose la création n'existe point; que sans elle les meilleurs lois ne seront suivies, qu'autant que des circonstances particulières appèleront momentanément l'attention du souverain sur leur exécution. Dès qu'il l'en détournera, elles tomberont dans la désuétude et l'oubli. Si la mémoire de Louis IX a été si long-tems chère au peuple français, il faut ne l'attribuer ni a ses expéditions guerrières, ni à sa conduite religieuse, mais à ses lois et principalement à l'établissement de la magistrature. Avant ce roi, les ordonnances et les capitulaires n'é-taient point confiés à des magistrats fixés, et pour cette raison je le considère comme le premier qui ait érigé en France un temple à la justice. La législation militaire est en ce moment dans le même état, où était la législation ordinaire avant S.-Louis, et réclame une semblable institution. Sans cette grande mesure, quelques soins que l'on apporte à la rédaction des nouvelles lois, on les tracera sur le sable. Si Sa Majesté voulait que ses ordonnances n'eussent que la durée de son règne, j'oserais lui représenter, qu'elle peut être d'autant plus indifférente sur celles qu'on lui présentera, que le désir de la bien servir et d'avoir son approbation fera le même effet que la plus grande perfection dans les lois; mais son génie ne peut se borner au tems présent; son influence doit s'étendre dans l'avenir, et il faut que toutes ses institutions basées sur les vrais principes , soient dignes de Napoléon-le-Grand.

Les lois qu'on fait sous les règnes forts s'exécutent par sa vigueur, et quand viennent les tems de faiblesse, elles se conservent par l'habitude de les observer et le caractère que le tems leur a imprimé. Qu'on saisisse donc avec empressement la conjoncture heureuse, dans laquelle nous nous trouvons, pour donner une grande impulsion à l'exécution des lois militaires.

De l'Imprimerie de HOCQUET et Comp. , rue du Faubourg Montmartre , au coin du Boulevard , N. 4.